为·师·授·业·丛·书

为师篇：教师语言行为艺术

上

潘宏竹◎编著

中国出版集团
现代出版社

图书在版编目(CIP)数据

教师语言行为艺术(上)/潘宏竹编著. —北京：现代出版社，2014.1
(为师授业丛书. 为师篇)
ISBN 978-7-5143-2119-7

Ⅰ. ①教… Ⅱ. ①潘… Ⅲ. ①教师-语言艺术 Ⅳ. ①G42

中国版本图书馆 CIP 数据核字(2014)第 018337 号

作　　者	潘宏竹
责任编辑	王敬一
出版发行	现代出版社
通讯地址	北京市安定门外安华里 504 号
邮政编码	100011
电　　话	010-64267325 64245264(传真)
网　　址	www.1980xd.com
电子邮箱	xiandai@cnpitc.com.cn
印　　刷	唐山富达印务有限公司
开　　本	710mm×1000mm 1/16
印　　张	16
版　　次	2014 年 4 月第 1 版　2023 年 5 月第 3 次印刷
书　　号	ISBN 978-7-5143-2119-7
定　　价	76.00 元(上下册)

目 录

第一章 语言是听觉的盛宴

第二章 巧用妙语,可使枯木逢春

第三章 反弹琵琶,功效更佳

第四章　语言也是一支舞

第五章　仪表增加魅力(上)

第一章 语言是听觉的盛宴

在课堂上，先有语言艺术之后才有教学艺术，课堂教学艺术突出表现在语言艺术上。教师首先应该是语言大师，教师的语言表达，特别是口头语言的表达能力，直接影响着课堂的教学质量。教师要善于调控语言的速度和力度，那是嘴上的功夫，必须要锻炼出来。教师的语言要能表达清楚，并且有感染力、启发性。如果你有了过硬的语言基本功，再善于以表情、姿态、手势等作为辅助手段，学生听起你的课将如沐春风，是一种语言艺术的享受。

第一节 学会自如地说话

语言学原理认为：声音是意义的代表，也是意义存在的物质形式，语言是通过声音表现出来的。成功的教学语言所体现出来的声音不仅能够准确清晰地传达教学信息，而且能悦人耳、爽人心，娓娓动听。因此，教师必须对自己的声音进行有意识的研究和训练，努力使自己的声音准确清晰，生动流畅，节奏分明，富于美感。

语言是思维的外衣，作为教师，想要“传道、授业、解惑”，首先要面对的问题就是如何自如规范地使用普通话。要规范自如地使用普通话应做到以下几点。

一、音色圆润

我们所说的音色，也是指语言的音质，是指语音的音色，是一个音区别于其它音的依据和标志。它主要是由声道的共鸣形状和发音部位与方法的不同决定的。就像是大提琴的音色不同于钢琴的音色一样，每个人的音色几乎都不同，这是由于每个人都有自己独特的发音体，即嗓子和发音习惯。世间有千万种好声音，有的性感磁性，有的清脆悦耳，有的低沉，有的高亢，但好的音色都有一些共同特点。

好的音质，圆润清亮、结实饱满，让人听了心情舒畅，这对于教师而言，有利于增强语言的感染力，激发学生的学习兴趣，营造良好的课堂气氛，从而提高教学效果；差的音质，或者是粗糙沙哑、干涩低暗，或者是尖利刺耳，使人听了只觉烦心，在课堂上就会影响学生情绪，自然也就会影响教学效果。可见，好的音色对教师有多重要。

音质的好坏，有很大的先天因素，很多人可能觉得音色是天生的，于是，就觉得对自己的音色无能为力。其实，只要掌握正确的方法，进行科学的训练，我们是可以改善自己的音色的。提高音质质量的主要途径，是进行艺术训练。

1. 学会欣赏自己本来的音色

在一次的教师招聘时，有一个女生不论是在教案设计还是仪态仪表上都有非常突出的表现，但是在面试环节，她为了使自己的声音听起来更亲切，卡着嗓子，挤气出声，使得面试考官一致反感，终被淘汰。有些初上讲台的教师为了使自己的声音听起来有震撼力，讲课时大气粗声；有的把教师的课堂上的教学语言当成“拉家常”

式的语言，声音平淡而松软，实际上这些都是大可不必的。

每个人说话都有自己最佳音域和最佳音量，教师说话更应该注意自我监听调节，切忌生硬做作，养成不良的发声习惯。任何人的发声机制都不是十全十美，关键是是否善于用自己的本色音，扬长避短，适当调节，从而做到声情并茂。音色尖利的，应注意用腹腔鼻腔的共鸣，以使声音浑厚一些；音色低沉的，注意提高平直调，适当强调高升调；音色鼻音重的，注意少用鼻腔共鸣，即使是发鼻辅音时也让一部分气息通过口腔的共鸣发出来；至于嗓音不正常的嘶哑，发音困难的，甚至出现疾病的，就应及早检查治疗。

2. 学会运用气息

著名的表演艺术家李默然说过："练声先练气，气足声故亮"。高亢的声音来自于充足的气息。以"声音"为职业手段的教师平时就要注意训练自己的肺活量，多做运动，以调节自己的呼吸状态。为了使说话时的气息处于自如调节状态，教师应练习"胸腹联合呼吸法"。其要领如下。

说话时肩平颈正，全身放松；吸气时，努力下降横隔膜的同时，尽力收缩小腹，口鼻并用吸气，以避免"喝"气声，用腹肌控制气息的输出，做到均匀平缓，尽量延长一口气的使用时间。用这种方法呼吸，吸气深、气量足，横隔膜下压后成为"气柱"的支撑点，发声轻松，而且声音有立体感，动听悦耳。

3. 学会适当地运用共鸣技巧

正确使用共鸣技巧，不仅可以增大音量，保护教师的嗓子，还可以使声音厚重圆润。教师的讲课为了使整个教室每个学生都听得清楚，其说话音量必然地比平时要高些，为了避免那种仅靠提高声带颤动的频率来增加音量的现象出现，就有必要在发声时适当地运用共鸣技巧，以提高音量，减少疲劳，从而长期保持嗓音洪亮、音色优美。

运用共鸣技巧主要应掌握好“口张”“喉松”“鼻松”三个环节。“口张”，即发音时口腔的空间要扩张开，使发声部位后移，声音有了较大的空间，就响亮而浑厚。“喉松”，即喉部放松，声音自然颤动，让声音在喉腔与鼻腔之间产生共鸣。“鼻松”，指在发鼻音的音节时，软胯下垂，舌根放松，让气流从鼻腔中流出，同时声音也能在鼻腔中产生充分的共鸣。总之，掌握了共鸣发声的初步技巧，就能使声音响亮、丰厚、圆润。

此外，运用标准的普通话进行教学是构成音色美的必要条件。在教学中，教师的语言要符合普通话的发音标准，不用方言语调，不带乡音色彩，保持纯正的语言面貌，使学生进入遐想和联想的感知阶段，对知识含义的理解会更深。

二、语速适中

语速也就是说话速度，在单位时间里说出字数的速度太快或太慢，都不是合适的速度。一般情况下，日常说话的语速较快，而表演艺术或演讲的语速要慢。语速的快慢受说话场合的影响，也受说话人情绪的影响。语速通常是变化的，有时快，有时慢，但每个人都有一个惯常使用的语速，惯常使用的语速形成了一个人的说话习惯。

语速与思维关系密切，思维敏捷，语速则快；思维迟缓，语速则慢。语速还与说话中的停顿有关，停顿过多或过长，语速则慢。教师在课堂教学中的语速应稍慢于讲话语速，而且有忽快忽慢的变化。因为，衡量教学语言是背诵还是讲述，重要的一点就是看他的语速有无变化。

语言语速可分为：

慢语速：每分钟 150 个音节以下；

舒缓语速：每分钟 180～200 个音节；

中等语速：每分钟 230 个音节；

较快语速：每分钟 250 个音节以上；

快语速：每分钟 300 个音节以上。

中央电视台新闻播音员的语速为每分钟 240 个音节左右、250 个音节左右以及 270 个音节左右；一般朗读文章的语速为每分钟 220 个音节左右。年轻人的语速较快，有时可达每分钟 350 个音节，语速最慢的老人，每分钟可达 100 个左右。

朗读文章时，叙述、写景的地方，或情绪平静、沉郁、失望的地方，气氛庄严、行动迟疑等内容或较难理解的语句，读的时候速度都要慢一些；悲哀的地方，应读得深沉清晰，速度更慢，表达出沉重的感情；情绪紧张、热烈，或在愉快、兴奋、慌乱、惊惧的时候，以及激昂慷慨、愤怒、反抗、驳斥、申辩等内容，读的速度可适当快一些。

〔案例〕教师在讲授《周总理，你在哪里?》这首诗歌时，就应该放慢语速，读得清晰缓慢，让学生体会出诗人沉痛的心情；在讲授《闻官军收河南河北》时，就应该把握住诗人此时心中的狂喜之情，加快语速，一气呵成，让学生体会到诗人心中按捺不住的兴奋之情。

教学语言语速的要求是：以正常语速为主，间有超常语速，特快或特慢语速。教师的语速与学生接收、处理信息的速度同步，就是合理的语速。一般情况下，教师采用正常语速进行教学，重点、难点，在强调时则有意使用慢语速，有时则故意使用超常快语速以吸引学生的注意力，或造成一种幽默风趣的生动效果，故意渲染一种心情，制造一种气氛，都可以使用超常语速。语速的变化，可以使自己的声音富有吸引力，可以更好地塑造自己的声音形象。

三、音量适当

音量是声音响度的大小。教师在课堂上的讲话，应当把音量控制在适当的程度，使教学声音的响度合理。

说话声音高、低、强、弱，从语言学角度说，是“响度”问题，而响度大小是以人听觉的程度来衡量的。人们听见的声音的响度，实际上是强度、长度、高度的总合。物理学里用“分贝”作为计量声音强度的单位，分贝主要是以声音对人的耳膜刺激、震荡的强弱程度来确定的。言语的音响效果，只能以听话一方的耳感来确定。

在生活中，常见的现象是，当两个人说悄悄话时是嘁嘁喳喳、窃窃私语；当人们面对大众慷慨陈辞时，则往往放开喉咙，大声疾呼。在房间里谈心和在旷野上呼唤，音高、音强度差别很大。对正常人说话与对听力差的人说话嗓门大小也不一样。可见人们在生活语言中也总是很自然地根据听话人的生理状况、对话者之间的距离等条件，随时调整说话声音的高低强弱，尽量选择理想的响度。人们看电视、听广播的时候，总是随时转动“音量”的旋钮，选择所需要的响度，力求听感舒服，既清晰省力又不刺耳。

1. 教师讲课响度要合理

教师教学过程中声音的响度与性格、气质、体质、语言习惯等多方面有关。每个教师在日常生活中说话声音的高、低、强、弱各不相同，有的爱大嗓门儿，有的总是柔声细语。各种语言习惯，在生活中一般并不妨碍思想交流。但是，课堂上讲课、说话的高、低、强、弱就一定要讲究了。如果响度不当，不光对授课效果有影响，而且还会影响教师在学生心目中的形象。

响度合理是理想的教学语言的重要条件之一，也是一切运用有声语言的场合应当讲究的问题。教师上课，传授知识，是交流思想、传递信息的活动。为了提高教学效果，不能不努力寻求教学语言的“合理响度”，也就是使自己说话的音高、音强、音长达到和控制在最适当的程度。

具体标准是使坐在每个位置上的学生都能毫不吃力地听清楚教师讲的每句话，发出的每个音节，并且耳感舒适。如果达不到或超过这个合理响度，就妨碍信息传递，影响听课的效果。比如：有的教师在新接任的班级上课，往往讲几句话以后，先问一下：“我这样讲，后面的同学听得清楚吗?”这样做的目的就是为了了解信息收取一方的耳感状况，以判定自己教学语言的响度是否合理。

2. 声音过大过小都不好

不少教师自恃声音“宏亮”，即使在小课堂上课也习惯于放开嗓门，像在大会上讲演一样。殊不知这种习惯的坏处实在很多：首先是讲者不必要地做多余的功，无谓地消耗能量和精力。其次，由于学校教学区的建筑结构，不论楼房平房，总是一排排教室毗邻连接的，当这屋上课时，那屋也在上课。如果某个教室里教师讲课声音过大，对四邻是很讨厌的干扰，对整个教学秩序也起着破坏作用。再者，对本班的学生来说，超过所需响度的讲话会使听者感到太受刺激，心神不宁，影响听者收取信息和及时反馈。特别在低年级，教师那种大功率“高音喇叭”式的讲话，会使少年儿童感到惊惶不安。此外，在中、小学里，一个教师往往每天要连续上几节课，假如养成这种不合理控制声音响度的说话习惯，一登台就粗声大嗓，以致声嘶力竭，天长日久，很容易造成声带损坏。

反之，如果教师说话声音过小，达不到必需的响度，后面几排座位上的学生就听不清，不能顺利地收取到教师发出的全部语言信息，当然也直接影响教学效果。有些教师讲课时故意将声音压得很低很小，使稍远一点的学生听得很吃力，稍一疏忽就听不清，并且把这当作“经验”，认为这样做可以使学生上课时专心致志地听讲。其实，这是不科学的，声音太小，时间过长，少年儿童的注意力很难集中，这和靠所谓高声讲课使学生注意力更集中一样不科学。

3. 把握教学语言的响度

到底怎样科学、合理地把握教学语言的响度呢？这要靠教师自己善于体会揣摩，善于在实践中总结。话是讲给教学对象听的，要时时从听者的角度着想。这里，不可忽视的一个标准，是讲课者本人的耳感，即自己在讲话的同时，自己的耳朵也在听着。自己说话声音高低强弱，音响效果怎样，自己的耳朵就随时在“监听”和检验。有一种现象很有趣：大凡耳聋或者听力弱的教师往往习惯于用过响的声音说话，这正表明个人的听觉对于个人把握说话响度的重要。

有经验的教师讲课，总是很自然地借助个人耳感，根据课堂空间大小，最近和最远的学生座位与讲台间的距离，听课人数的多少，教室有无天花板，门窗是开是关，课堂内外噪声大小等等各种与音响有关的因素，以及个人声音的特点，把握个人说话的合理响度，以追求响度的最佳效果。某些老师讲究“音灌满堂”，对不对呢？这有待分析。如果“音灌满堂”意味着使坐在教室任何角落里的学生都能不费力地听清每个音节，则是对的。不过，有些提倡“音灌满堂”的教师往往是盲目地放开嗓门，那是不科学的“超合理响度”。

我国当前一般学校教室建筑面积多为60~70平方米，地面距天花板高度一般在3.3米左右，室内空间大约在200~230立方米。若在室内比较安静、无明显噪声干扰的情况下，讲话声音只需比平常三五人在室内随便交谈的声音微大一点就可以“灌满”这么大的空间，保证坐在室内每个位置上的人的听感清晰度。经验少的教师如果觉得难以把握课堂语音的响度，不妨课下在空教室里借助一部收音机或电视机试一试，将机子放在讲桌上，调整其音量，走到最后一排角落里听听效果，找到最合适的响度，那也就是自己讲课的合理响度。

对有声语言来说，响度合理是保证交流思想、传递信息效果的最重要条件之一。要掌握得好，既需弄清许多复杂的原理，又需积累足够的实践经验，这并不是件简单的事，应当充分重视，切切实实地下功夫。

第二节　感情要充分表达

教师教学语言的情感美可使学生体验到教师“同样的感情”，甚至叩击学生心弦，引起共鸣。教学语言的情感美要求教师必须把情感融入到对教材内容的深入理解和认识之中，使教学信息穿上情感的外衣。教学语言的情感还要求教师对自己的情感自觉地控制和调节。总之，教学语言的传情要随着教学内容的变化而变化，使之形成与教学内容相吻合的一条情感曲线，时高时低，波澜起伏，这样才能充分发挥教学语言的情感功能。

充满感情色彩的语言能启人心智，撩人情怀，激荡兴趣，体味美感。正如心理学家们所言：“情绪、情感既受人们对客观事物的需要、渴求或意向决定，又以它的信号和调节功能对人们的认识活动和意志行动起着强化和影响的作用。”因此，那些表现为积极向上、纯洁美好情感的教学语言往往能起到触动学生心灵、感化学生行动的效果。情真才能意切，教师的声音只有充满发自内心深处的各种情感，才能使语言饱含满腔热情，并以此感染学生，取得良好的教学效果。

一、停顿有度

停顿，是话语中短暂的语音间歇，也有人把它称为语音表达中的“零位素”。在口语表达中，停顿除了具有调节气息的生理作用外，还具有突出重点、增加表情色彩等多方面的修辞作用。停顿可分为：

1．语法停顿

语法停顿是句子中一般的间歇，反映句子中的语法关系。停顿时间的长短依次是：句号、问号、叹号；分号、冒号；逗号；顿号。但有时由于语气感情的需要，停顿的时间也可延长或缩短，有的虽有标点也不一定停顿。

〔案例〕《捞月亮》中小猴子喊：“糟啦！糟啦！月亮掉到井里啦！”两个“糟啦”可以连起来读，也可以把全句都连起来读，以表示吃惊、急促。

当较长的句子中间没有标点符号时，可按语法成分来停顿。停顿的主要位置是主语、谓语之间，主语、宾语之间，定语、状语、补语与中心语之间，特别是各部分较长时更应注意它们之间的停顿，停顿的时间要短促。如苏轼的《游褒禅山记》中有一句：“而世之奇伟瑰怪非常之观，常在于险远而人之罕至也。”读此句时就需要细细划分停顿，否则无法准确理解其意思。

2．强调停顿

强调停顿是句子中特殊的间歇，是为了强调某一事物，突出某个语意或某种感情，或者为了加强语气，而在不是语法停顿的地方作适当停顿，或在语法停顿的基础上变动停顿时间，这样的停顿称为强调停顿，又可以叫做逻辑停顿或感情停顿。还以《周总理，你在哪里》为例，在朗读时，在“周总理”后面停顿，表示情感的间歇与发自内心的悲痛，悲痛到仿佛不能读出下一句来。

3. 结构停顿

结构停顿是由文章的层次结构决定的，是为了表示文章的层次、段落等所作的停顿。停顿时间的长短，应视具体的语言环境而定。在一般情况下，间歇时间的长短依次是：段落、层次、句子。句子间、层次间、段落间衔接紧密的就停得短些，另起话题之前就停得长些。

〔案例〕

白杨礼赞（节选）

这就是白杨树，西北极普通的一种树，然而绝不是平凡的树。它没有婆娑的姿态，没有屈曲盘旋的虬枝。也许你要说它不美。如果美是专指“婆娑”或“旁逸斜出”之类而言，那么，白杨树算不得树中的好女子。但是它伟岸，正直，朴质，严肃，也不缺乏温和，更不用提它的坚强不屈与挺拔，它是树中的伟丈夫。当你在积雪初融的高原上走过，看见平坦的大地上傲然挺立这么一株或一排白杨树，难道你就只觉得它只是树？难道你就不想到它的朴质，严肃，坚强不屈，至少也象征了北方的农民？难道你竟一点也不联想到，在敌后的广大土地上，到处都有坚强不屈，就像这白杨树一样傲然挺立的守卫他们家乡的哨兵？难道你又不更远一点想到，这样枝枝叶叶紧靠团结，力求上进的白杨树，宛然象征了今天在华北平原纵横决荡，用血写出新中国历史的那种精神和意志？

白杨树是不平凡的树，它在西北极普遍，不被人重视，就跟北方的农民相似；它有极强的生命力，磨折不了，压迫不倒，也跟北方的农民相似。我赞美白杨树，就因为它不但象征了北方的农民，尤其象征了今天我们民族解放斗争中所不可缺的朴质、坚强、力求上进的精神。

让那些看不起民众、贱视民众、顽固的倒退的人们去赞美那贵族化的楠木（那也是直挺秀颀的），去鄙视这极常见、极易生长的白杨树吧，我要高声赞美白杨树！

在这篇文章的阅读过程中，各段之间停顿最长，接着就是层次、句子之间，在感情较为热烈的第二段后半部分就可以停顿少些，这样读起来就给人一气呵成之感，文章的韵美就可以得到体现。

4. 制造戏剧效果的停顿

教学中为了使教学言语生动、风趣、幽默、诙谐，增加言语的表现力，教师会有意识地制造停顿。常见的有卖关子、歇后语、抖包袱、谐趣等技巧性停顿。

〔案例〕袁世凯生平只做了一件有益于中国人民的事，（停顿，学生惊讶），那就是他终于死掉了，绝对地死了，很合时宜地死了，义无反顾地死了。（学生大笑不止）

这是教师采用了类似抖包袱的手法，停顿之后抖出所说的真正原因，那原因太出乎学生意料，又相对显得荒谬，于是形成一种讽刺的喜剧效果。

〔案例〕今天，我给大家讲几个新的歇后语，这就叫做路瓦栽夫人借项链——穷出风头；路瓦栽夫人丢项链——乐极生悲；路瓦栽夫人赔项链——自讨苦吃。（学生大笑）

这位教师用自造的歇后语概括了课文的内容意义，同时也制造了生动风趣的言语效果。

〔**案例**〕教师使用了“卖关子”的方法：

我很想多讲一会儿，我想同学们也愿意多听一会儿，不会提出反对意见。可惜，有那么一位勇敢的学生总在那儿叽里咕噜提抗议，让我按时下课。那学生是谁呢？讲到这里，教师故意停住了，学生们面面相觑，不知老师说谁。这时教师又开口了：他就是你们的肚先生！

学生们全都笑了，教师在一片欢声中结束了讲课。

二、语调合理

语调，是指贯穿整个句子的语音高低升降的变化模式。它主要由音高构成，同时也受音长、音强等因素的影响。语调也是表情达意不可或缺的因素，在口语中显得极为重要。

1. 语调分类

平直调：句子语势平直舒缓，没有显著变化。一般表示庄严、悲痛或冷淡、沉重等感情。陈述、说明的句子用平直调。

高升调：句子语势先低后高，句末音节语音明显上升。一般表示疑问、反诘、号召、惊讶等感情。疑问句、感叹句可以用高升调。

降抑调：句子语势先高后低，逐渐降低，句末音节说得低而短促。陈述句子可以用降抑调，表示坚决、赞扬、祝愿、恳求等感情。

曲折调：句子语势有“低——高——低”的曲折变化，或者句末一二个音节语音曲折并且拖长，表示惊讶、怀疑、讽刺、幽默的感情。

2. 准确、恰当运用语调

教师要准确地运用升降，使自己的语调富有准确性和丰富性。

准确性，是指语调的升降和要表达的意思完全一致。同是一个“啊”，对学生的回答做出反应，一般答对了，就用平直调，表示认可；答得很正确，就用降抑调，表示肯定；创造性地答出，就用曲折调，表示惊叹；答偏了、答错了，就用高升调，表示提醒等等。丰富性，指语调运用的多样化。教师应善于把不同语调的句子交错使用、和谐配置，这样才能使语言抑扬顿挫，起伏有致，富有韵律美。

教师语调的单一，是教师言语呆板无生气的重要原因。教师应该能够随心所欲地使用不同的语调进行教学，来表达自己丰富的情感。教师的语言生动、含蓄，往往能启迪学生的思路，加深对知识的理解和巩固，唤起他们的求知欲。要使语言生动活泼，往往需要运用富于直观形象的语言。教师课堂语言的直观形象化，总是凭借比喻、比拟等手法，绘声绘色。这自然能引人入胜，并能给学生留下深刻的印象。

〔**案例**〕有位教师讲苏轼的《念奴娇·赤壁怀古》：“乱石穿空，惊涛拍岸，卷起千堆雪。”只见其五指并拢，向前平伸，以此表示“穿”这一动词，给学生以旷达空灵之感。然后以声助势，翻掌下拍，并迅速将掌上卷作波涛汹涌之状。老师抑扬顿挫的朗诵，配之动作的艺术性，使学生仿佛看到了岸石壁立、江水浩荡、浪花千叠的壮丽景象。这借助于手势的形象语言，既直观又生动。

三、语气生动

语气，从字面上理解，“语”是通过声音表现出来的“话语”，“气”是支撑声音表现出来的话语的“气息状态”。简单地说，语气就是通过不同的声音和气息表达出不同的语意和情感的说话方式状态。说话人在不同的情绪、情感中，会自然而然地使用不同的声音、气息来说话，而不同的人在大致相同的情绪、情感状态下说话，声音气息形成一些相同的特点。比如：处于爱心激荡时，说话声音轻柔缓和，气息轻微缓慢，就形成了一种表达爱意的特有语气——轻软亲切的语气。

教师语言的感情变化，必须根据教材的内容，该喜则喜，该怒则怒，该乐则乐，在是非、善恶和美丑面前，表明自己的爱憎，并用生动的语言加以渲染，引导情感的触发点，拨动学生的感情之弦，引起他们的思想共鸣，产生师生情感互通、水乳交融的和谐气氛。

教师口语的语气表达，是体现教师的语言能力的一个重要方面，必须引起人们的重视。苏立康先生曾对教师语言的“语气色彩”进行过研究，他把它们分为八种情况：气徐声柔的色彩，表达爱的感情，使人感到温和而又亲切；气足声硬的色彩，表达憎的感情，使人有受到威胁、受到挤压之感；气满声高的色彩，表达喜悦之情，使人有流畅、跳跃之感；气沉声缓的色彩，表达悲哀的感情，使人有沉重、迟滞之感；气短声促的色彩，表达心急如焚的感情，使人有紧迫之感；气少声平的色彩，表达冷淡的感情，使人有疏远、冷寂之感；气粗声重的色彩，表达愤怒的感情，使人有震动之感；气细声粘的色彩，表达疑虑、疑问的感情，使人有犹豫、困惑之感。他的论述对于我们认识教师口语的语气表达是有启发性的。

语气生动，是教师口语表达追求的目标，而生动是以适合为前提的。不同的语气类别必须为不同的内容和情境服务。教师必须善于根据特定的言语内容、言语对象、言语场合与言语目的，使用不同的语气，恰如其分地表达自己的情感态度。只有这样，才能取得好的表达效果。

〔**案例**〕有一位教师讲授《周总理，你在哪里》，他先是带着深情叙述周总理逝世时的情景："天惊一声雷，地倾绝其维。顿时九州寂，无语皆泪水。相告不成声，欲言泪复垂。听时不敢信，信时心已碎……（长安街上）只见灵车去，不见总理归，天地同悲恸，万众肝肠碎。"这悲痛欲绝的场面，润湿了师生的眼睛。然后他深情地朗读课文，"一字一缕情思，声声呼唤忠魂。"这样带着感情进入角色，扣动情点，学生自然情思勃勃，课堂气氛自然动人心怀。

四、节奏鲜明

寒来暑往，这是自然界的节奏；兴盛衰败，这是人类社会的节奏；跌荡起伏，这是各类艺术的节奏，总之，大千世界无不有节奏。作为反映有节奏的万事万物的教师的语言，也必然有它的节奏。如果没有了节奏，教师语言就失去了吸引学生的力量和魅力；如果有了节奏，在教育教学中，忽而气势磅礴，忽而情意绵绵，忽而流畅明快，忽而婉约回荡，造成相互交错，变化有致的节奏美，从而紧扣学生心弦，出色完成教育教学任务。

教学语言艺术的真谛之一就是节奏的和谐。教学语言节奏指教师用口头语言所显示出来的有秩序、有节拍的变化和运动，具体表现为语音的高低强弱、语调的抑扬顿挫、语速的轻重缓急、语句的断连疏密等等。这也说明教学语言不能总是一个腔调，一种语速，一味的平铺直叙。

说到语言的节奏，就不得不提到语言的音节，因为音节是构成语言节奏美的基础条件。音节是语音的自然单位，任何一句话，都是由一个个音节组合而成。音节的配合直接关系到语言的表达效果。

音节的配合有一定的规律。汉语的词从音节的角度看，有单音节词、双音节词和多音节词之分。音节配合首先要考虑词语音节的多寡，一般地说，单音节词与单音节词配合，双音节词与双音节词配合，容易协调，而单音节词与双音节词的配合则较多地受前后的语音环境的制约。音节的和谐配置，是形成语言节奏感和韵律美的基础，是提高教师口语表达效果的重要手段。音节和谐、节奏鲜明的语言还能加深记忆，如那句有名的诗句“梨花院落融融月，柳絮池塘淡淡风”，读起来总叫人印象深刻。

用教学语言描人状物、传知说理，要情真意切，引人入胜，就得讲究语言有节奏感，有高有低，抑扬顿挫，娓娓道来如行云流水，侃侃而谈似春风化雨。课堂语言讲究节奏感，快慢得当，学生听起来从容不迫，能思，能记，有轻有重，张弛适宜，学生思维能与你同步，而且会感到音乐般地享受。

〔**案例**〕《狼和小羊》中有这样一段对话：狼想吃小羊，就故意找茬儿，说：“你把我喝的水弄脏了！你安的什么心？”小羊吃了一惊，温和地说：“我怎么会把您喝的水弄脏呢？您站在上游，水是从您那儿流到我这儿来的，不是从我这儿流到您那儿去的。”教师用粗声朗读，以表示狼说话的蛮横凶狠，用细声表现羊的善良单纯。教师声音高低粗细，节奏有快有慢，表情的凶狠或惊讶，使学生的注意力及思维力随着教师声音抑扬顿挫的节奏感，进入艺术的氛围之中。

〔**案例**〕在讲授《荷塘月色》时，教师可先以充满深情的语言朗读这篇本就充满了节奏美的课文，时而低沉，时而轻柔，时而空灵，时而快速，时而缓慢，让学生在优美的朗读中展开想象，感受作者笔下田田的叶子、亭亭的荷叶、袅娜的荷花、飘渺的荷香、凝碧的荷波、朦胧的月色，体会作者淡淡的忧伤和惆怅。

第二章　巧用妙语，可使枯木逢春

我们发现，有的教师讲课非常呆板，中规中矩地在讲台上给学生教条地灌输知识，学生在下面有的昏昏欲睡，有的越听越不耐烦。而有的教师讲课则非常生动形象，机智诙谐，开启了学生的智慧之门；生动的比喻，给人回味和留恋；恰当的幽默，使师生处在轻松、愉快的课堂氛围中；经常变换句式，富有创新精神；适时恰当的表扬，鼓舞激励着学生不断进步。人们常说妙语连珠，在课堂教学中，如果教师能经常创新，巧用一些妙语，就如枯木逢春，不但能活跃课堂气氛，还能使教学效果大大改善。

第一节　不说寻常话

不说寻常话常常是创造性的体现，如《荷塘月色》中关于荷塘的描写：

〔案例〕 曲曲折折的荷塘上面，弥望的是田田的叶子。叶子出水很高，像亭亭的舞女的裙。层层的叶子中间，零星地点缀着些白花，有袅娜地开着的，有羞涩地打着朵儿的；正如一粒粒的明珠，又如碧天里的星星，又如刚出浴的美人。微风过处，送来缕缕清香，仿佛远处高楼上渺茫的歌声似的。这时候叶子与花也有一丝的颤动，像闪电般，霎时传过荷塘的那边去了。叶子本是肩并肩密密地挨着，这便宛然有了一道凝碧的波痕。叶子底下是脉脉的流水，遮住了，不能见一些颜色；而叶子却更见风致了。

作者用各种鲜活的形象来比喻荷花，如刚出浴的美人、碧天里的星星、闪闪的明珠，巧妙地运用通感，竟将荷花之香比作渺茫的歌声，这些比喻非寻常之语，使作品高出其他咏荷之作。

一般来说，教师在教学过程中有自己的教学风格及套路，优秀的教师在语言的运用上却往往有风格，无定式，不说寻常话。这些不寻常话就是思维的火花，或开启学生的智慧，或愉悦学生的心情，为更好地授课打好基础。

〔**案例**〕一位地理老师在进行自我介绍时，他是这样说的："大家好，本人姓名李建民，唐朝皇帝李世民大家都知道吧？我与他素不相识，从未谋面，很遗憾，他能当皇帝我却不能，可谓一字之差能千古恨。他血溅玄武门杀了自己的亲兄弟，一点天理都不讲，我也不讲天理，我讲地理。"这位教师在进行自我介绍时，没有采取寻常的方式，而是寻找到自己与名人之间的联系，风趣地推销了自己，可谓是令人印象深刻啊！

一、巧语平风波

其实在寻常讲课时，很多突发事件也可以用别样的方法来解决，巧妙的语言，不仅能平息课堂风波，让老师的形象一下子高大起来，还可以活跃课堂的气氛，让学生快乐学习，实现在课堂上的双赢。

〔**案例**〕一位语文老师正在讲《陈胜吴广起义》时，课堂上几个调皮的学生说话声音却越来越大，老师停下来，并没有大声训斥他们说"不要说话"或者"保持安静"，老师说"怎么了，怎么了，难道有人也要起义？"，语毕，全班大笑，继而安静听课。这位教师所说的“起义”二字非常应景，正好在讲陈胜吴广起义时讲出来，自然胜过其他的寻常话。

教师讲课时学生插嘴，影响课堂秩序，教师一般是不喜欢的。如果用恶语制止，会使插嘴者尴尬，也可能使课堂从此变成一潭死水。其实，在学生插嘴中也有教育的契机，等待老师捕捉和引申，用良言妙语去激发学生创新的灵感、智慧的火花。

〔**案例**〕有一次，某教师在高中课堂上讲“中国加入世界贸易组织”的问题，用设问句“WTO是什么意思呀”去引起下文，这时一位男生插嘴道“就是打屁股呗！”立刻引起全班同学的哄笑。教师的话被打断了，他非但没有责怪这个学生，反而和蔼亲切地问：“你说说，为什么呢?”这个同学站起来大声说：“落后就要挨打。中国到2001年才终于加入WTO，这无形中不是被打屁股了吗?”老师笑着点点头，说：“WTO是‘世界贸易组织’的英文缩写，刚才这个同学从读音展开联想，说得特别精彩！让我们都插上想象的翅膀，就WTO这一英文缩写，发表自己新颖独创的见解吧！”由此课堂气氛也变得非常活跃。

每位教师都有自己的特点和思维的定势，在处理问题和理解问题时难免会陷入普通的模式中，教师自己需要适时打破自己的思维限制，不说寻常话，不走寻常路，和同学们一起轻松健康地前进。

二、巧搭配造新境

人们说话，须要符合语法和语义常规，词语间的搭配不能随意偏离语言的习惯和规范。但是，有时为了表达特殊的情感和体验，也可以突破言语常规，将词语进行奇异的搭配，从而创造出全新的语句来。

〔案例〕在《纪念刘和珍君》中有一句：我将深味这非人间的浓黑的悲凉，以我的最大哀痛显示于非人间，使它们快意于我的苦痛，就将这作为后死者的菲薄的祭品，奉献于逝者的灵前。

在这句中，作者将“浓黑”与悲凉搭配，本来两者是不能搭配的，“悲凉”是一种心理上的感觉，是抽象的，没有颜色，“浓黑”则是表示具体事物的色彩的词。两者通常是不能配合使用的。这里以“浓黑”修饰“悲凉”是词语的异配，它表现作者深深体味到的一种特殊情感。面对反动统治下的凄惨悲凉的黑暗现实，他感到自己的“悲凉”也是“浓黑的”。这一异配用法，形象地表现了当时黑暗的现实，渲染了阴沉、昏暗的氛围，流露出作者的哀痛之情。

〔案例〕一开始就写它的旺盛的生命力——钻出来！很强的生命力，从泥土里钻出来。这个词用得非常好！春回大地啊，人盼望着春天，草呢？（生：也盼望着春天）

〔案例〕他写的这篇文章哟，很清新，就好像小河里的水流淌下来一样！这些词句都从他的笔端流淌出来，我们要好好学习怎么样抓住景物的特点来写。

这两例都是主语和谓语动词的异配。说“草”“盼望着春天”是用写人的词语去写“草”，将草人格化了，生动地表现出春天的美好。说“词句”“从笔端流淌出来”则是以写溪水的词语去写行文，为拟物的用法，形象地表现出《春》这篇文章清新自然的风格特点。

在具体的言语活动中，词语的常配和异配经常结合运用。

〔案例〕一位中学物理老师讲楞次定律时说：线圈有双重性格：既多情又冷酷。当磁极来时，线圈近端产生同性磁极，排斥原磁极，抗拒磁极接近，显得冷酷无情；但磁极走时，近端又产生异性磁极，吸引原磁极，挽留磁极不离去，显得多情好客。

这段话在词语的运用上非常有特色。首先，“线圈”与“双重性格”“多情”“冷酷”等词语是超常搭配，属词语的异配用法，这位老师赋予“线圈”以人的思想感情，把它人格化了。其次，还运用了多种常配手段，如“多情”和“冷酷”，“来”和“走”，“同性磁极”和“异性磁极”，“接近”和“离去”，“排斥”和“吸引”，“抗拒”和“挽留”，“冷酷无情”和“多情好客”等是反义词语的匹配；“排斥”和“抗拒”，“冷酷”和“无情”，“吸引”和“挽留”，“多情”和“好客”等是同义词语的匹配；“多情”与“无情”，“同性”和“异性”等是同素词语的匹配；而“多情”、“冷酷”等词反复出现，则是同形词语的匹配。多种方法的配合运用，使整段话语富有极强的艺术表现力。

三、出错的学生需要呵护

〔**案例**〕某学生作文中错别字太多，有一次，他又将一“届”的“届”写成了“庙”，文中写到：“老师，您送走了一庙又一庙的学生，现在您又将送走我们这一庙，在这个时刻，我想对您说……”。这位老师在课堂上说：“看来送走你们这一庙，我也该升为方丈了”。

这位老师，没有严厉地对学生说：“你怎么又写错字了，我说了多少遍……”而是巧用学生的错误，巧妙地提示学生，这样势必加强学生对这个词的记忆。

〔**案例**〕据说有一次语文课上，教师的教学内容是《窦娥冤》课文分析。老师讲到窦娥临刑前发了三桩誓愿：血溅白练、六月飞雪、抗旱三年，接着教师让学生思考问题：“这三桩誓愿实现的可能性大不大，为什么作者要这样写？体现窦娥的什么精神？”有一位学生主动站起来回答“体现了窦娥死得不甘心，她要报复，抗旱三年，不只老百姓连贵族官宦也要饿死……”这个回答出乎教师意料，但教师没有批评指责，而是从容不迫地说“这个同学认为窦娥死得不甘心，这点说得很对，这是千古奇冤啊！但是研究作者为什么要这样写，大家的思路还要放开阔些，想一想作者是像杜甫那样写现实呢，还是像李白那样写理想呢?”

学生的回答够荒谬的，可是，如果每个学生都清楚这是文学创作的浪漫主义手法，那么上这堂课还有意义吗？学生主动回答问题的勇气、努力参与课堂讨论的积极性是多么可贵、多么需要肯定啊！这位老师呵护有术，引导得法，顺利地达到了教学目的。

有时候，学生的有些错误屡教不改，或者很难启发，老师难免会生气，生出一种“恨铁不成钢”的心情，认为“孺子不可教也”，其实，巧妙地将学生的错误与生活中的事情联系起来，通过一种肯定的、快乐的方式给他留下印象，学生的错误会越来越少。此时，不说寻常话，远比千万句的责骂更有效果，更让人愉悦。

〔案例〕一次，班里的一套图书不见了，同学们纷纷要求“捉贼”。李老师冷静地考虑后，当着全班同学的面说：“拿书是爱书的表现，这次可能是哪位同学拿回家忘了带回来，也可能他看后忘在课桌抽屉里了。”接着，又以信任的口气说：“我相信我们班里是不会有人故意把书拿走的，请大家好好想想，再仔细找找，找到后请马上送还，好吗?”第二天，书奇迹般悄悄回来了，那位同学还主动找老师承认错误。

老师的讲话有意避开一个“偷”字，而代之以“拿”，这使听者更容易接受。事实证明他说话是成功的，丢的书不仅找到了，还给了犯错误的学生一次改正的机会。

第二节 修辞是语言的调色板

没有修辞的语句就像是黑白画，虽然有其质朴清丽之美，但终是缺少多彩丰富之妙。修辞就是语言的调色板，运用修辞，可使很复杂的问题变得简单，抽象的问题变得具体，枯燥乏味的问题变得生动，从而使课堂变得有趣。

据说，当有人问中国著名剧作家陆文夫对性文学怎么看时，陆文夫说："西方朋友接受一盒礼品时，往往当着别人的面就打开来看。而中国人恰恰相反，一般都要等客人离开以后才打开盒子。"与会者发出会心的笑声，接着是雷鸣般的掌声。运用这种似乎与本体事物风马牛不相及的类比物形成的奇妙比喻能使听众有新奇的意觉，也常常使我们的说话增色不少。

因此教师在教学过程中，巧用各种修辞是课堂讲课的有效的润滑剂，可以使我们收到意想不到的效果。

一、亮丽的比喻

〔**案例**〕在一堂作文课上，一位教师为鼓励学生认真修改作文，说了这样一段话：同学们，大家常常写文章，可知道什么是文章吗?《辞海》上说："绘图之事，青与赤谓之文，赤与文谓文章。"人的脸皮有青有赤也有白，可见，每个人的脸皮就是一篇天生的文章。(笑声）古今中外，各色人等，尤其是女同胞都是非常讲究修改"文章"的。(大笑)

你看吧，她们每天早晨起来梳妆，对着镜子用增白蜜反复揣摩

（涂抹），再用胭脂、唇膏精心润色（大笑），还要用特制的眉笔仔细地修改“眉题”，甚至连标点符号也毫不含糊，非要用手术刀将“单括号”（单眼皮）改为“双括号”（双眼皮）不可！（笑声、掌声）你们看，这是何等严肃认真、高度负责的态度啊！我们每个人都有自己的“文章”，要使自己的“文章”出类拔萃，成为“真由美”（真优美），不在“修”字上下一番功夫行吗？（笑声）著名文学家何其芳同志说：“修改文章是写作的一个重要部分。”看来，这是一条至理名言啊！

要求学生认真修改文章，本来是一个很严肃的话题，但这位老师有意以人的脸比喻，把写作修改和女性的梳妆打扮巧妙地联系起来，既生动形象又诙谐幽默，收到了很好的课堂效果，体现了教师的独到匠心。

比喻，就是取比喻意。它要求比要取得类同贴切，意要喻得巧妙自然；要真正实现将抽象的道理具体化，深奥的道理通俗化，直言的道理曲折化，裸白的道理文雅化。惟其如此，我们的语言才会进入美学境界，并散发出艺术的魅力；惟其如此，我们的语言才会时时处处都闪亮。

〔**案例**〕一位教师对学生的劝喻，因此而给人一种审美享受。

这是一位很知道爱护自己学生的班主任。有一次，他发现自己最得意的班干部、品学兼优的学生，由于滋长了骄傲情绪而与班上同学闹起了对立。这位教师分析了他好强争胜的性格特征以后，决定不直接触及他的缺点，而是寻找合适的机会从侧面敲打敲打他。

一天晚自习时，他到教室巡视，看见这个学生在做数学题，正忙着在本子上划着圆圈。突然“两个圆圈的比喻”闪现在他的脑海，机会到了，这位教师便和学生聊了起来：“我给你出个小题做做如何？”

“好啊！”

“甲乙两个大小不同的圆圈，哪个接触的圆外面积大？”

“当然是大圆圈了。”

“为什么？”

“圆圈大，圆周就大，接触的圆外面积自然大喽。”

教师继续用探究的口吻往下说：“如果圆圈的面积代表人们已经掌握的知识，圆圈以外的广大面积代表人们还不知道的无穷领域，那么，怎样才能扩大那未知的领域呢？”

“去不断的学习和掌握知识，扩大自身的圆圈面积呗。”

至此，教师的谈话已经开始切入正题了。“这个比喻，你知道是谁提出来的吗？这是2000多年前古希腊哲学家芝诺所设的比喻。它说明了什么呢？”

学生若有所悟，说：“它说明，知识多的人才能知道有更广阔的未知世界；而知识少的人，以为没什么未知数了。”

“你说得对。造诣越高的人，越知道探索学问的路漫长得很，因而就越能坚持学习，越能保持谦逊的作风。相反，知识甚少或偶有一得的人，才自命不凡，得意忘形。”

似乎是一问一答的闲聊，然而就在这种轻松和谐的交谈中，教师通过比喻巧妙地将自己的规劝渗透进学生的心中，让学生心领神会，从而认识到自己骄傲情绪的不当，并暗中立志要争做“大圆圈”。

这就是在教学中巧用修辞的力量，既保全了学生的面子，不至于使他觉得自己在受批评，又起到了提示警醒的作用，实在是难得的教学经验。

二、绚丽的夸张

除比喻外，夸张可以增强语言的感染力，通过对某事物的夸大或缩小来表达强烈的感情，能给人以深刻的印象。诗句中的“瀚海阑干百丈冰，愁云惨淡万里凝”“飞流直下三千尺，疑是银河落九天”“五岭逶迤腾细浪，乌蒙磅礴走泥丸”都是夸张的代表。经夸张修饰过的语句浓情热烈，情感分明，实在是语言艺术中绚丽的一笔。有的教师在课堂中采用蓄意夸张的手法大大帮助了教学的开展。

〔**案例**〕政治课上，教师提到“大跃进”时的深翻土地说：“深翻一米，土壤疏松，庄稼果实饱满，结出的稻粒大概一口只能吃一个吧？”夸张兼讽刺，使学生认识到了主观主义的危害。

一位老师针对有的学生写作文时不加标点或一逗到底的问题，做出了这样的反应：在评讲作文时，他站在讲台上，上气不接下气地念一位学生的作文，一直到脸涨得通红、腰弯到不得不蹲下时还在念。学生不解地问：“老师，你怎么不停一下呢？”老师则喘着粗气说道：“句号在哪儿呀？”学生顿时哄堂大笑起来，从笑中也受到了教育。

记得有一次，一位语文老师与学校几位同事在外面吃夜宵。吃完以后语文老师去付账，可一位教美术的老师也要抢着付账，语文老师一把挡着他付钱的手，一边对老板说：“别要他的，他是美术老师，这张钱说不定是他画出来的呢。”老板笑了，最终接了语文老师的钱。以至于后来，别的同事如果跟这位美术老师有什么金钱往来的话，都要装模作样地仔细观察一翻：“我可得仔细瞧瞧，可别是画出来的。”

像这种说画画得好，居然得提防连钞票都是他画出来的，这就有点夸张了，但是夸张带来幽默，便使语言没有那么直接，那么显露。

第三节　幽默是最好的表达

幽默是一个人的学识、才华、智慧、灵感在语言表达中的闪现，可以使我们内心的紧张和重压释放出来，化作轻松的一笑。在沟通中，幽默语言如同润滑剂，是一个人善意与善心的最好表达。

课堂看起来很小，但其实是一个大舞台。有人说，教师善不善于运用幽默语言，具不具有幽默感，能不能充分发挥幽默的力量，这是衡量教师教学机智和教学口才的重要标志。苏联教育家斯维特洛夫指出："教育家最主要的，也是第一位的助手是幽默。"教师在教学中恰当地运用幽默语言能使教学过程更轻松，更有乐趣，更有效。心理学家追踪调查发现，学生最大的愿望就是老师语言生动形象、风趣、有幽默感；学生最不喜欢的就是没有幽默感的老师。对于现代教师来说，加强幽默语言修养有益于增进自己教学的情趣和魅力，和学生之间建立一种和谐友好的关系。

一、幽默带来双赢

教师课堂上偶尔的小幽默可以调节课堂气氛，愉悦学生的心情，使学生的心灵暂时松弛，然后投入到学习中去，幽默对教师而言无疑是高产出的教学技巧。教师幽默的表达并不仅仅会使学生获益，教师自身也可从中有所收获。

1．幽默之于老师

（1）幽默是教师提高自身素质的好方法

“学高为师，身正为范”。教师必须既“学高”又“身正”，才能成为一名合格的教师，也才能成为一名受学生欢迎的教师。幽默是一种良好心态，这种良好心态对教师的“身正”也是一种很好的督促，一个“自信、谦虚、乐观、宽容、机智、进取”的老师，他难道还不能做到教师职业道德中要求的那些吗？幽默是一种高超的语言技巧，要达到这种语言技巧，肯定需要一定的文化知识底蕴，这样的话，教师的“学高”不就更有保障了吗？

（2）幽默是教师处理人际关系的润滑剂

〔案例〕据说有人妒忌魏书生老师，在背后说闲话造谣。而魏老师说：“我太对不起人家了。因为素不相识，浪费人家的青春、智力、脑细胞给咱编瞎话、造谣言，这对人家来说是不小的损失，人家不要咱赔青春智力损失就不错了。要是没咱，人家用这宝贵的青春、智力、脑细胞看书、做工作、写文章，都是建设性的，结果，人家冒着被贬低人格的危险给咱编瞎话、造谣言，真对不起人家。”

如果所有的教师都像魏老师这样，“无意苦争春，一任群芳妒”，那教师之间还会有什么矛盾呢？如果你一下无法做到魏老师这么高尚，用“不被人嫉是庸才”精神胜利一下也不错噢！

（3）幽默保持教师身心健康

幽默教育能让学生愉快高效地学习，那么教师就不必再为学生对学习的“消化不良”而愁眉苦脸；幽默教育能让捣蛋鬼“浪子回头”，那么教师就不必再为他们的顽固不化而“愁眉紧锁”；幽默教育创造轻松愉快的氛围，使学生忘记师道尊严、忘记以往课堂的严肃，无所畏惧地畅所欲言，学生的奇思妙想纷至沓来，教师就会有成就感；幽默的人淡泊名利，就不会忙于吹牛，累于拍马，苦于不第，虑于变色……就不会白了青丝，纹了眼角，驼了脊背，伤了经脉……

（4）教师的心态会影响到教师的教学心境

如果你正因为受到上司的批评而牢骚满腹，如果你正因为与同事、邻居、家人的争吵而余怒未息，如果你正在“剪不断，理还乱”，如果你正在“晓镜但愁云鬓改”……那你就可能对学生发火。你发火的结果是什么呢？首先，会直接伤害你的“龙体”；其次，会伤害学生天真的心灵，影响到学生的学习心境，学生被你训斥体罚之后，会心甘情愿地学习吗？有很多学生会因为对教师行为的反感而不愿听教师的讲课。学习心境不好，自然就会导致学习效果不好，学生学习效果不好，最终还不是又导致教师的教学心境不好？

2. 幽默之于学生

快乐并不是绝对的，它只是一种感觉。快乐不会找上门来，必须依靠你自己去寻找。它不一定就在别墅里，在“奔驰”里，它也不一定在“金利来”或者“红蜻蜓”，幽默的教师会自己寻找快乐，让自己保持愉快的心境。这么说来，幽默对教师本身意义是很重要的，对学生则显得更加重要了。

（1）增强学生的学习兴趣

〔案例〕相信有很多人都听过这样的一个笑话：一位女士因为违反交通规则被送到法庭受审。女士向法官解释，她是个老师，急着去上课，并因此请求立即放她走。法官听后高兴地说：“夫人，今天我终于能够实现我内心埋藏了多年的愿望。多年来，我一直等待有一位教师来到我的法庭。现在，请你坐到桌前，把‘我闯了红灯’这句话写五百遍。”最初听来觉得好笑，但仔细想我们是不是也遇到过很多只会“抄抄抄，考考考”的老师呢？这样的方式只是会让学生感到无聊和枯燥，并不能提起学生的兴趣。

运用幽默教育，让学生有机会在一个和谐、轻松、幽默、愉快的氛围中学习，学习的积极性才会提高，学习的效果才会好。孩子毕竟只是孩子，所以课堂上总会有人偶尔出些状况，这时候，教师如果严厉训斥、辛辣讽刺，势必影响孩子的学习情绪和学习效果，打击他们的学习积极性和兴趣。

（2）教育效果得到改善

〔**案例**〕曾看到这样一个故事：乔治·居维叶是法国生物学家，是比较解剖学的奠基人，在古生物方面也很有学问。有一次，他的学生们商量着要跟他开一个玩笑，吓唬吓唬他。一天夜里，他的工作室的门被两只大犄角顶开了，只见一头“怪兽”冲了进来。那“怪兽”浑身是猛兽的皮毛，长着一副巨型獠牙，张开血盆大口，看上去十分可怕。“怪兽”冲进来后，用恐怖的声音大声喊道：“我要吃掉你。”乔治·居维叶正在埋头工作，听到喊声，抬眼望了一下“怪兽”，随即哈哈大笑道：“哪里冒出来的大怪物？你要吃我？你是吃不掉我的！自然法则告诉我，一切带蹄子的动物都是吃草的。”

这时，化了装的学生只能解开兽皮，取下面具，望着那露了马脚的蹄子，后悔自己忽视了老师平时教过他们的一个生物学常识。

〔**案例**〕某次阶段考试，老师发现有个学生小乙手里拿着一个纸团，正准备把它扔给后面的一位学生，老师微笑着说：“小乙，下课后再去扔垃圾，现在考试要紧。”小乙迅速把纸团放到自己的书桌里，继续做起试卷来。

如果老师严厉地批评小乙，这场考试他也许就“泡汤了”，这样产生的教育效果就远比批评好。

（3）训练学生的思维和想象力

幽默大都是委婉曲折意味深长的，而非直露的。陈孝英先生在《幽默的奥秘》一书中指出，“必须通过咀嚼、揣摩、联想、玩味的思维过程来领会幽默的意图。”所以学生就必须认真思考，努力发现教师话语里隐含的意义，这样才能理解故事的幽默所在。

幽默教育有利于锻炼学生的反应能力，因为幽默常常也是机智的表现，它是遇到挑战时迅速而机敏的反应，学生在这种机智幽默的潜移默化中自然也就提高了反应能力。

二、如何幽默

教师的幽默表达出教师对学生的亲切友好的情感，从而培育和谐愉快的师生关系。

〔**案例**〕一天早晨，小学一年级教室门前，几个早到的同学正围着老师说说笑笑，忽然老师笑眯眯地对刚挤进来的小明说：“老师知道你今天早饭吃什么了！”“吃了什么？”小明睁大了眼睛，非常惊讶地看着老师。老师故作神秘地说：“吃的是……白米粥！”“对了！老师，你是怎么知道的？”小明越发不解了，急切地探询道。老师却做出一副高深莫测的样子：“我算出来的呗！”小明左瞧瞧右看看，一脸的莫明其妙。周围的同学却一下子大笑了起来。原来，小明脑门上粘着一颗大米粒。

这位老师是以亲切的情感和关怀来达到的幽默效果，其实幽默有很多种方法。

1. 一样话，不同说

有人会有这样的经历：父母来开家长会，问老师，“我们家孩子成绩怎么样？表现得好不好？”老师这时通常会很为难，尤其是对那些表现不突出的学生的家长，所以，老师就会说“表现不错，但是还有很大的进步空间，不要放弃”。此时的教师就采用了一样话不同说的方法。这样，听者懂其意且不十分迁怒于自己的孩子，同时，也会觉得老师的话充满了趣味，冲淡了严肃的程度。

一样话不同说还体现在正话反说。

〔**案例**〕有一则宣传戒烟的公益广告，上面完全没提到吸烟的害处，相反却列举了吸烟的四大好处：一省布料，因为吸烟的易患肺痨，导致驼背，身体萎缩，所以做衣服就不用那么多布料；二可防贼，抽烟的人常患气管炎，通宵咳嗽不止，贼以为主人未睡，便不敢行窃；三可防蚊，浓烈的烟雾熏得蚊子受不了，只得远远地避开；四永葆青春，不等年老便可去世。

这种正话反说也可以运用在教学中。

〔**案例**〕有一次，班上大扫除，大家都认真而积极地完成自己的任务，只有小红一人在阴凉处的石凳坐着，老师默默地看在了心里。在总结劳动情况时，老师说："这次劳动中，我首先要表扬小红同学，还要为她颁发一张奖状。"老师展开手里一张自己写的"最爱惜劳动工具奖"的假奖状，"她呀，非常爱惜劳动工具，生怕把我们班的扫帚、抹布、桶子等工具损坏了，自始至终都不肯碰它们一下。"同学们笑了，老师问道："小红，想不想把这张奖状拿回去贴在墙上？"她低着头说："不想。"老师知道小红已经明白了，就没有再问她为什么了，只是自言自语道："奇怪，这年头也有不喜欢奖状的。"老师又对大家说："那这张奖状就放在我这里，以后，如果谁想把它拿走，随时都有机会噢。"然后说："另外，我们班还有一些'不爱惜劳动工具'的同学，他们是……"从那以后，不仅小红，班里所有同学再也不"爱惜劳动工具"了。

〔**案例**〕有一次，上课铃响几分钟以后，几位学生才站在教室门口。老师问他们干什么去了，他们说上厕所去了。老师又问他们下课时干什么去了，他们低着头说玩去了。老师说："雷锋叔叔曾经说过，要有钉子精神，善于'挤'和'钻'，你们就是学雷锋学得最好的同学，善于‘挤’出下课的时间来玩，然后又‘挤’出上课的时间往厕所里‘钻’，真是我们大家学习的榜样。雷锋同志，里边请！”几个孩子红着脸进了教室，这堂课他们听得出奇地认真。

2. 自嘲也幽默

自嘲就是说自己的缺点、短处，自己来嘲笑。并不是每一种自嘲都可以带来幽默的效果，但是有些自嘲却是如珠妙语，让人忍俊不禁。

〔**案例**〕一位头发谢顶的老师第一次走进教室，下面就产生了一阵骚动。几个学生夸张地用手遮住了眼睛，还有人轻轻地说：“真亮啊。”教师走上讲台，先朝着大家宽容地笑了一笑，然后以轻松的口吻说：“虽然今天我们是第一次见面，以后的日子还很长，但我想先告诉你们一个秘密：我真的是一个‘绝顶聪明’的老师！这一点大家以后一定会体会到。”聪明的学生马上理解了老师这番话的含义，大家用会心、和善的微笑接纳了这位新教师，并对这位教师产生了第一份好感。

〔**案例**〕一次，生物学家格瓦列夫在讲课时，突然有一个学生在下面学鸡叫，课堂里顿时一片哄笑。这时，格瓦列夫却镇定自若地看了看自己的怀表，不紧不慢地说：“我这块表误事了，没想到现在已是凌晨。不过请同学们相信我的话，公鸡报晓是低等动物的一种本能。”格瓦列夫没有生气愤怒，而是用幽默的批评对学生起了警告作用。

这些事例告诉我们，幽默在沟通中有着不可低估的作用，它能使沟通的效果更趋完美。

〔**案例**〕一位老师讲述他中学时学习梁启超的《少年中国说》，语文老师恰巧是一位快退休的资深教师。当学到“老年人如夕照，少年人如朝阳；老年人如瘠牛，少年人如乳虎……”时，语文老师看到学生怪怪的笑容，他知道学生产生了什么样的联想，但他并没有恼羞成怒，而是在每读到“老年人”三个字的时候，就用手指一指自己，在每读到“少年人”的时候，用手指一指我们。那摇头晃脑的神气，使得学生们忍俊不禁。在分析的时候，他又说他自己就是“瘠牛”，又老又病，只能告老还乡，而天下，就是这些“乳虎”的了。语文老师这种先入为主的自嘲的做法，使学生们反而不好再嘲笑他了，而且，“瘠牛”与“乳虎”的距离越来越近了。相反，同年级另一个班的同学则说，他们的那位“瘠牛”老师因为在上课时疾言厉色地声讨了那些怪笑的学生，在每个语文早自习时，只要学生们一看见语文老师进来就齐声摇头晃脑地读“老年人如瘠牛，少年人如乳虎……”，声音之大、之整齐，就像在进行朗诵比赛。而“瘠牛”老师居然无可奈何，因为学生是在读课文呀。

所以，当自己有缺点、短处时，唯一的办法是正视它，然后自我嘲笑它，这样反而会赢得别人的尊敬。

〔**案例**〕有这样的两个小女孩，一个小女孩不知绊到了什么，突然摔倒了，并开始哭泣。这时，旁边有位小女孩立即跑过来，别人都以为这个小女孩会伸手把摔倒的小女孩拉起来或鼓励她站起来，但出乎意料的是，这个小女孩竟在哭泣着的小女孩身边故意也摔了一跤，一边看着小女孩笑个不停。泪流满面的小女孩见到这情景，觉得十分可笑，于是破涕为笑，两人滚在一起乐得非常开心。

当别人遭遇尴尬的时候，如果你能也适宜地“尴尬”一下，就能使别人因为“有人共享”而不至于那么尴尬了。

3．陈言出新意

〔**案例**〕上课铃响过，老师走上讲台，有些学生还在低头忙着别的什么。见此情景，老师煞有介事地说：“警报已经响过，还不赶快‘隐蔽’呀，真是两耳不闻窗外事，一心只顾手头忙！”学生一听都乐了，立即坐得端端正正，集中注意开始听课。

〔**案例**〕春天的课堂里，和煦的春风吹得学生睡意朦胧，老师见状，也眯起眼睛佯装打瞌睡，然后梦呓一般地絮絮轻语："暖风吹得师生醉，直把教室当卧房……春眠不觉晓，还是睡觉好。"一番话抑扬顿挫，把学生们都逗笑了，笑声中睡意被驱散得无影无踪。

构成这两则幽默的一个共同方法是，对现有成句的临时改造。第一例是对"两耳不闻窗外事，一心只读圣贤书"这一流传甚广的对联的改造；第二例则是对"暖风熏得游人醉，直把杭州作汴州"、"春眠不觉晓，处处闻啼鸟"这些著名诗句的改造。

妙改陈言的语言具体说来有两点：一是借助陈言的著名效应，激活学生已有的知识储备，使其更顺利地理解和接受语言信息；二是能通过对陈言的部分"篡改"，对学生的惯性思维和例行理解以新奇刺激，构成一种"新"与"陈"的即时对比，而且这种"篡改"部分又总是和当前情景紧密地联系在一起，因而更容易引发学生一种感同身受的兴奋，从而大大强化学生接受语言信息的兴趣。因此，对已有陈言的即时改用，体现了语言在同一言语场内就完成了"新陈代谢"的奇特景观。

4. 谐音巧用

〔**案例**〕唐玄宗时，大诗人李白憎恨玄宗宠臣杨国忠那谄媚拍马的模样，杨国忠则嫉恨他超人的才华，总想找机会奚落他一番。一日，杨国忠说要与太白对对子，自己先出上联道："两猿截木山中，问猴儿如何对锯（句）。"李白听出了杨国忠的弦外之音，便微微一笑说："请宰相起步。"杨国忠刚出一步，李白指着他的脚说："一马身陷泥中，看畜生怎样出蹄（题）。"杨国忠脸上一阵发白，狼狈不堪。杨国忠用双关的方法侮辱李白为猴儿，李白反唇相讥，以其人之道，还治其人之身，将杨国忠比作畜生。

清代的智辩家纪晓岚与和珅当时分别担任侍郎和尚书，有次两人同席，和珅看见一只狗在桌下啃骨头，问纪晓岚：“是狼（侍郎）是狗?”纪晓岚马上回答：“垂尾是狼，上竖（尚书）是狗。”

〔**案例**〕有一次，一位数学老师讲一道求最大公约数的例题（求75、125、200三个数的最大公约数），当讲到用5除后，他发现学生精神疲惫，注意力涣散，就灵机一动，大声问道：“同学们，请看我们还有没有用武（5）之地?”学生先是一怔，继而在笑声中答道：“没有了!”一句谐音妙语引出一阵笑声，给沉闷的课堂打了一针强心剂。

〔**案例**〕一所学校有一段时间考试风气不是太好，师生们反响强烈。学校领导决定在期末考试中狠抓考风，要求监考老师必须再三强调纪律，严肃认真监考。一时间，学生如临大敌，个个十分紧张。一位老师发现这种气氛很不利于学生发挥应有的水平，于是在考试前念完了《考场纪律》后，又说了下面一段话：“同学们，你们可以做武林高手，但切莫做‘舞（舞弊）林高手’，武林高手是勇敢而强健的，‘舞林高手’是怯懦而卑微的。”同学们听了，都会心地笑了起来，紧张气氛大大缓解。

以上几例都是谐音巧用出幽默的方式，读来让人忍俊不禁。

5. 故意糊涂是幽默

故意糊涂是指你明明已经明白别人的意思，却故意曲解，从而造成幽默来回避或者是回击别人。这是周总理外交常用手法，也是教师讲课可用的幽默手段之一。

〔**案例**〕一次，周恩来接见记者，对方不怀好意地问：“总理阁下，中国人民银行有多少钱?”“18元8角8分，”总理委婉地说，“中国人民银行发行面额为10元、5元、2元、1元、5角、2角、1角、5分、2分、1分的十种面额人民币，合计为18元8角8分。”

面对外国记者不怀好意的刁难，周恩来巧妙地将记者实质是想问“中国人民银行一共有多少数额的钱”的问题变成了“中国人民银行一共有多少面额的钱”，既没有在外国记者面前表现出“不敬”的态度，又没有泄露中国国情，真不愧是总理风范。

〔**案例**〕1962年，中国在自己的领空击落美国高空侦察机后，在记者招待会上，有记者突然问外交部长陈毅：“请问中国是用什么武器打下U－2型高空侦察机的?”这个问题涉及国家机密，当然不能说，更不能乱说。但对记者的提问，又不能不答。于是陈毅来了个闪避：“嗨，我们是用竹竿把它捅下来的呀。”

用竹竿当然不可能捅下来，但大家都心照不宣，哈哈大笑一阵罢了。

〔**案例**〕舞会上，28岁的李小姐大出风头。19岁却相貌平平、舞技平平的张小姐心理不平衡了，故意大声问道：“你什么时候过生日?”李小姐说：“10月7日。”“哪一年?”张小姐不甘心地问。李小姐笑着回答：“每一年。”

年龄是女人的秘密，张小姐却不断追问，这时，李小姐故作不理解，就用故意糊涂的方法巧妙地回避了这个问题。

那么教师在教学中应怎么做才能做到故意糊涂呢?

〔**案例**〕一次，一个学生问老师，这次考试考些什么。老师说：“我可以告诉你，但是你得保证你这次能打90分。”他说：“可以。”老师说：“看拼音写词语、选词填空、关联词填空、连线、改病句、阅读和写作。”他无话可说，只好回到教室复习去了。

第四节　句式变化有新意

一般说来，汉语句式有其规范性，不能随意改变，但不是不可改变。在特定的语言环境中，有时为了表达需要，也可突破语言常规，进行创造性的变异运用。汉语句式变异的情况多种多样，有的侧重在语义，有的侧重在形式。这里从句法结构的角度，对教师口语中常用的几种变异句式作些分析。

一、断续句

断续句，也就是俗称的半截子话，是指形式上不完整的、断而待续的话，老师只说了上半句便断了，下半句由学生补说，这样才合成一句完整的话。在小学的中低年级的教学中，断续句的使用频率更高。

〔**案例**〕霍懋征老师上《冬晚》：

师：“我”把钱拿出来，把手伸过去，表示对小车夫的——

生：怜悯。

老师的话只说了一半，另一半则由学生接着说完，师生共同把语义表达完整。

断续句的主要作用是引发思考，它的功能相当于一个询问句。一般情况下，老师的半截子话后面往往可以补出一个疑问代词“谁”、“什么”或“怎么样”等。学生只有通过思考，动一番脑筋，才能准确地续上老师的话。如上面的例子，老师的半截话，旨在询问学生，“我”不坐小车夫的车却给小车夫钱这一举动表现了一种什么样的心理。学生若不经过思考分析，就不一定能准确地续上老师的话。

运用断续句还能起到集中学生注意力的作用，老师的话说到一半停下来，让学生参与表达，这样能促使学生全神贯注地听课，牢牢把握老师的思路，强化师生之间的联系和交流，同时也可以使课堂气氛更加活跃。

〔**案例**〕一位老师上《石钟山记》的话：

师：科学和探险是一对孪生兄弟。探险首先需要勇气，只有不怕艰苦，身入险境去调查，才能获得最真实的东西。苏东坡这样做了，他获得了对石钟山命名的较科学的认识。由此，我们可以看出他写这篇文章的意图是——

生：是告诫世人，追求真理要去掉一个“怕”字，要勇敢地去探险，去求实，千万不要像李渤那样浅尝辄止。

老师以一个断续句提示学生，让学生集中注意，在作了一番思考的基础上说出结论，这样既强化了理解，又活跃了课堂气氛。

二、插说句

插说句是指在叙述过程中由于表意的特定需要，在一个完整的句子中间插进一个句子。

口语表达往往受意识流动的支配，有时话说到一半，忽然觉得需要补充、注释、说明、引例、强调或提示等，就常用插说句来表达，教师口语中，插说句的运用是比较常见的。

〔**案例**〕一位老师上《一只木屐》的教学实录：学生把第一段段意概括为：“我看见在离船不远的水面上，漂着一只木屐。”老师说：“如果还要更加完整一些呢，就应该把从什么地方看，‘我伏在船栏上，看见离船不远的水面上，漂着一只木屐’也写出来，对吗？”

“……把从什么地方看也写出来”是一个完整的句子，该老师在讲到“从什么地方看”时，觉得这里应该补充说明一下，于是就插进去一个句子，进行补充说明，以帮助学生理解。

〔**案例**〕某老师上《我的叔叔于勒》的教学实录：家里明明很穷，买的衣服都是什么底货，——“底货”就是陈货，就是留在那个“底下”的那些货，可以便宜点。——但是还要摆阔气，好像呢，家庭很富裕，要面子。对吧？

该老师在讲到“底货”时，觉得这个词不易理解，应该解释一下，于是中途插进“底货就是……”一句进行补释，再接着讲完原来的句子。

〔**案例**〕一位老师上《荔枝蜜》的例子：

师：嗯，好，这（蜂蜜）是个稀罕物。那么这样好的东西，大家一起说，是谁酿的呢？

生：（集体）蜜蜂。

这里的插说句“大家一起说”，其作用是提示。

三、倒装句

倒装句是指为了达到特定的修辞目的而故意颠倒句子成分或分句次序的句子。汉语没有严格意义上的形态变化，语序是重要的语法手段。汉语的语序，一般情况下，是较为固定的，如主语在前，谓语在后，定语状语在前，中心语在后，述语在前，宾语在后，偏句在前，正句在后等等。但有时为了表达上的需要，也可改变寻常语序，作变异的运用。

1. 主谓倒置

就是把谓语置于主语之前。

〔**案例**〕《荷花淀》一课中的句子：

水生笑了一下。女人看出她笑得很不像平常。

“怎么了，你?”

这里谓语“怎么了”出现在主语“你”之前。水生晚归的行动和异常的表情引起了水生嫂的不安，谓语前置，表现她急于想了解水生的迫切心情。主谓倒置的主要作用，在于强调。主谓倒置时，谓语往往是句子的核心，谓语前置可以突出句子的核心信息。教师口语表达中，这种用法非常多见。如说“回去吧，你们!”“快来呀，同学们!”“唱起来吧，大家。”“很容易，这道题。”等等。

2. 宾语前置

就是把宾语置于动词之前。

〔**案例**〕某老师上《一只木屐》时，告诉学生木屐就是木头的鞋子，并引用“应怜屐齿印苍苔”的诗句说明木屐是有齿的。接着说：

师：这样一只木屐，她看到了。但她感兴趣的是不是就是木屐?

生：不是的。

师：写木屐是为了写谁呢?

生：人。

这篇课文写冰心离开日本时在船上看到水中漂浮着的一只木屐所引起的联想。这里把“看到”的宾语“这样一只木屐”提到了句首。因为前面是向学生解释木屐为何物，顺势说出“这样一只木屐”，再补说“她看到了”，这样表达是自然的，客观上也有强调宾语的作用。

3. 定语后置

就是把定语置于中心语之后。定语后置的主要作用是突出定语，同时也可使句子的主要部分更加简洁紧凑。

〔**案例**〕《春》一课中的句子：

春天像小姑娘，花枝招展的，笑着，走着。

这一句也可说成“春天像花枝招展的小姑娘，笑着，走着。”这是常式表达，语句显得平淡。把“花枝招展的”这一定语后置，作变异的表达，起了强化作用。更加突出了春姑娘的活泼形象，而且读来语气舒缓，变化有致。

4. 偏正倒置

就是把偏句置于正句之后，其作用主要也是强调。

〔**案例**〕某老师上《草船借箭》时说：

诸葛亮直到第三天四更才去开船借箭，因为这个时候，大雾弥漫，曹军看不清江面上的情况就要放箭，这样就可以借到箭了。他为什么能知道这个时候有雾呢？这不是他能掐会算，而是因为他懂得天文知识。

这段话中该老师用了两个因果倒装句，强化突出了原因。语言学家吕叔湘先生说：“口语至少跟文字同样重要，如果不是更重要的话；许多语言学家认为口语更重要，因为口语是文字的根本。”这里既有假设倒装，又有因果倒装，分别突出了假设条件和原因。句式的变异，使表达显得更加活泼。

第五节　表扬是学生奋进的催化剂

孩子的心田是一块奇怪的土地，你播下思想的种子，就会获得行为的收获；你播下习惯的种子，就会获得品德的收获；你播下品德的种子，就会获得命运的收获。学生良好习惯的养成需要教师不断探索，不断努力，通过多种途径采取各种方式，持之以恒，一步一个脚印地去抓好它。在学生良好品质和习惯形成的过程中，需要教师不断表扬来激励鼓舞学生的进步。教育事业是爱的事业，爱心在教育、教学活动中发挥着核心的作用，是教育活动的基础。表扬则是洒向学生心田的甘露，是学生奋进的催化剂。

一、教师要有表扬的意识

1．乐于表扬

教师要注意理解学生的年龄特点和心理特征，不能以成年人过高的眼光看待学生的行为，认为学生一点好的表现是微不足道的，不轻易表扬学生。

教师对学生的表扬应是发自内心爱护学生的体现，要从心里替学生高兴，看到了学生的闪光点，应该大张旗鼓地褒扬，充分发挥表扬的功效。良好的品质与优异的成绩是由许多细小的行为与环节组成的，只要有助于学生改正缺点，弥补不足，顺利转优，老师就应乐于表扬学生。在“后进生”转优的过程中，老师应真正有爱心，理解学生，尊重学生，不要吝啬表扬，要善用巧用表扬，恰当的表扬往往比批评更具威力。

2．善于表扬

教师应深入了解学生内心深处犯错误的动机和目的，不要老是盯在其所犯的错误上，要注意批评的应是学生错误的行为，而不是针对人。否则，一味的批评、指责、训斥，学生容易自我否定，自卑，甚至学会撒谎、出现逆反的敌对与反抗行为。

教师应注意从正面、积极的角度去审视学生，要善于发现并捕捉学生身上的闪光点，巧妙地在表扬中渗透恰当的批评，可能效果更好。一般而言，教师对优生的表扬是非常慷慨的，而有时对一些“差生”的表扬则较为吝啬。特别是那些平时作业不交、调皮捣蛋的学生，即便老师发现了他的进步，有时都不会像表扬优等生那样爽快，而要考虑他值不值得表扬？表扬后会不会翘“尾巴”？有时就在这种犹豫中，先前的进步还未受到表扬，后来的错误倒引来了老师的训斥，可以想象这种使其不公遭遇的委屈会给他们带来多大的伤害啊！

3. 及时表扬

教师看到学生的进步，应及时给予表扬，以强化刺激。因为学生心目中，因果关系是紧密联系的。

〔**案例**〕班上有一位自制力弱，平时上课说话较多，影响同学学习的学生，但是他在几次班级活动中，如打扫卫生、为合唱比赛借衣服等积极认真，老师及时表扬其热爱劳动、关心班集体的优秀品质，从而引导该学生对整个班级学习气氛的维护上，使其自制力得以加强。

对学生的表扬要及时，不能时过境迁才表扬，否则，表扬会使学生莫名其妙，这样的表扬不会有好的印象，更谈不上优化优秀品质和行为的作用了。

二、表扬的特点

1. 先导性

榜样是班集体中同学们学习、赶超的对象，这就决定了表扬所必须具有的先导性。教师在学生的学习生活中要做善于从多角度透视的有心人，要善于发现捕捉学生身上的闪光点，在细微之处见真谛，在平凡中找不平凡，做一个美的发现者。教师只有充分发挥表扬的先导性作用，同学们才学有目标，赶有方向。

2. 针对性

表扬要有依据和具体事实，要有针对性，也就是不能盲目和随意。学生学习上取得进步，就应就其学习上大力表扬；纪律上改正了迟到、上课说话的缺点，就应对其自律性上进行表扬，这样才能起到强化优秀的作用。否则，该表扬的不表扬，不该表扬的说好话，或表扬起来笼统概括，学生往往摸不着头脑，反而会冲淡转化的效果。

3. 目的性

做任何事情都要有目的性，表扬作为学生思想转化和激励工作的重要手段也不例外，如果目的性明确了，就会采取较好的工作方法，也就会取得好的效果，如果目的不明确，加上盲目的表扬，可能就会事与愿违，也就更不会取得好的效果。例如，在班级劳动中，教师表扬学生具有劳动的积极性，让学生从小就养成热爱劳动的好习惯。

4. 准确性

我们经常听到这样的表扬：某某同学高烧不退，仍然坚持到校上课学习。这里教师所表扬的对象，是不是值得广大同学效仿？这样的学生精神是值得肯定的，但教师应积极劝说学生先去医院治疗，因为高烧对学生的身体和学习都是不利的，这种行为是不宜让其他同学学习的。因此，教师的表扬准确性要强，所树的“榜样”要的确是积极意义上的榜样，以防对学生产生误导。

5. 层面性

表扬的“多层性”是从一个角度反映表扬对象从较好走向更好、

很好的成长历程；表扬的“多面性”是从多个角度反映表扬对象的闪光点。在班集体生活中，教师要特别注意运用好表扬的多层性、多面性的特点，让榜样的形象变得丰满，使每一次表扬都有效地“激励”每一个学生的“内心活动”，充分发挥表扬的强大功效。

6. 方式多样

教师对学生的表扬不能只停留在活动的评价中，表扬更应具有随机性，当学生犯错误时，切忌运用专制性言语进行简单的训斥，而采用民主型言语风格以宽容、等待和唤醒。学生进步时，不是简单的表扬，而是把他进步的欢乐与大家共同分享，并给予鼓励和期待。

作为教师，不仅要在教室中、学校里、活动的终结评价中对学生予以肯定表扬，学生在家里的表现，生活琐事等均是表扬的素材。一个会心的微笑，一个赞许的眼神，一个亲昵的拍肩动作，一句真诚的表扬，一次和老师散步谈心的机会都可作为表扬的表达方式和奖品。这种灵活多样的表扬，将会编织成一个巨大的“赏识”的网络，让学生在其中快乐成长。

三、表扬的艺术

表扬是教师认同学生的一种重要方式，但是表扬不能随意和盲目，不恰当的表扬，未必能强化学生的优秀品质和行为，抑制不良行为。实施表扬也要讲究艺术，否则，结果可能适得其反。

1. 不宜指向人格

在日常的课堂上，我们经常听到老师表扬某位同学时，会说：“你真是个聪明的孩子！”，而美国的教师很少会用“聪明”之类的表扬用语，他们常用的是诸如“你答对了，你干得很好，你很努力”

这类的话语。“聪明”这类词语指向的是学生的人格，而“答对了”、“很努力”指向的是学生的行为。表扬应该具体，有针对性，有指导性，表扬的目的是要让学生知道自己究竟好在哪里，以增强学生好的行为。表扬的是学生的行为而不是人格，这是表扬的首要策略。

〔**案例**〕著名特级教师于永正的一些做法可以给我们很好的启示，于老师在教白居易的诗《草》的一个片断：于老师请学生把“春风吹又生”的诗意画出来，学生全神贯注地完成后，于老师进行了点评。一位学生画的小草向一个方向倾斜，他表扬道：“你没画风，却让人感受到了风”，一位学生用绿笔画，他表扬道：“这位小朋友想，春风会吹绿小草、庄稼，所以画成了绿色。”

这样的点评与表扬，针对了学生的具体任务，尊重了学生的独特感受，使学生敢想乐画，有效地激励了学生的学习积极性。所以表扬最重要的原则就是：要针对学生某一件事付出的努力，取得的效果，而不要针对学生的性格和人格。

2. 不宜过多过滥

合理地运用表扬，确实能激励学生的学习积极性，然而，如果表扬过多过滥，则可能得不偿失。部分语文课堂教学中，特别是一些公开课上，种种夸张的表扬充斥了课堂教学的各个环节，“你真了不起，长大可以当个科学家”、“老师都不如你了”类似的溢美之词不绝于耳，教师成了廉价表扬的批发商，不管学生表现如何，一概给予表扬肯定，甚至当有时学生回答错了，老师也不忘来个“安慰奖”。长此以往，我们老师往往会发现，自己的表扬依然热情洋溢，而学生却日益不当回事，毫不在乎了。泛滥而廉价的赞美，反而麻木了学生的心灵，不利于学习积极性的调动。

著名教育家马卡连柯说过：“我的教育，是尽可能多地尊重一个学生，又尽可能多地要求一个学生。”他的意思就是：老师必须最大限度地尊重学生，同时也要对他们提出严格要求。因此，正确的做法是，表扬应该适时适度，要在学生做出精彩回答后，紧接着请学生说说思维的过程，引导学生重视过程，而不是过分看重结果。所以，表扬应恰如其分，表扬应注意频率，那种当经过老师适时的指点，学生通过自身努力后获得收获时老师的热情表扬，学生才会终生难忘。

3．不宜全盘肯定

新的课程标准提倡尊重学生在学习过程中的“独特体验”，于是，我们看到，在语文课堂教学中，“你喜欢课文中的哪个人物?”“在这种情况下，假如你是×××，你会怎么做?”这类开放性的问题日趋增多。确实，这类问题能激活学生思维，促进学生对文本的多元解读。但是，提倡多元解读、个性化阅读，不等于可以不尊重文本的价值取向。

〔案例〕苏教版有这样一篇课文《狐狸与乌鸦》，某位老师在教学行将结束时请学生谈谈对文中两个主要人物狐狸以及乌鸦的评价，某学生答：“我认为狐狸很聪明，因为他依靠计谋吃到了肉。”此时，教师欣然点头微笑肯定。然而，如果将狡猾地不择手段为自己谋取私利视为聪明的话，那么，这与文章想要表达的价值取向却是大相径庭、南辕北辙了。像这样含糊的表扬，对学生的发展是无益的。

4．与批评共存

表扬对培养学生自信心有一定的推进作用，但操作不当的表扬会使学生迷失方向。表扬可以诱发学生的学习动机，但“忠言逆耳利于行”的忠告是很有科学道理的，因此，表扬与批评应同时存在于教学中。试想长期只听到表扬赞许的人，而等到某一天发现学习成绩不如他人，求知欲得不到满足，表现欲得不到体现，那么肯定就会感到所受挫折太大。

在日常生活中，经常会发现有些同学遇到一点点的挫折就表现出惊慌失措、意志消沉、萎靡不振；还有极少数竟然负气出走，甚至走上绝路。这表明，目前还有相当一部分同学的抗挫折能力还比较脆弱，遇到挫折时还缺乏抵御、战胜挫折的心理或能力。如果我们在平时的教育教学中褒扬肯定的同时进行耐挫教育，让表扬与批评共存，特别是对成绩优异者所出现的错误亦要批评，以便使同学们自然形成抗挫折能力和抵御策略，那么日后在竞争日益激烈的社会环境中才能生活得游刃有余。

5. 因人而异

教学中学生都是平等的，他们应该享受平等接受表扬的权利和机会。要求教师要“有教无类”，一视同仁。但在实际的教学过程中，为了更好实施因材施教，要求教师针对学生个体的不同的生理和心理特征，区别对待，因人而异。

对待不同的学生表扬的方式也应有所不同，对待学习自觉、行为习惯良好的学生可采用引导性表扬语“假如你……，你会更优秀！”如果对待成绩差但很努力的学生，可采用鼓励表扬语“虽然你只……但是你在某一方面很优秀”。对待性格外向的人，表扬有时不公开，背地里表扬给学生一个人听，表扬的同时指出其一些不足，对学生今后的发展非常重要。对待性格内向的学生，表扬则应公开，以增强学生的自信心。

第三章　反弹琵琶，功效更佳

我们常说忠言逆耳，良药苦口，人没有不犯错的，学生也是如此，作为老师，对犯错误的学生予以批评是老师的职责。但是，我们看到有的老师尽管旗帜鲜明，理直气壮，却不能收到好的效果，还引来学生的逆反心理，这是为什么呢？关键是没有掌握学生的心理，没有掌握批评学生的诀窍，措词过于激烈，引起了学生的对立情绪。

批评是一门艺术，批评的目的是为了激起学生的上进心，以便更好地学习。为了这一目的，批评时就要讲究分寸，注意运用语言的艺术。有时候忠言也可以不逆耳，有时候用模糊的语言甚至不说话，学会倾听，都能起到良好的效果。可见，老师应掌握科学的方法，有时候，反弹琵琶，效果更好。

第一节　忠言何必逆耳

〔**案例**〕美国总统柯立芝有一次批评女秘书，他是这样说的："你今天穿的这件衣服很漂亮，真是一位迷人的小姐。不过，希望你以后能对标点符号稍加注意，那么，你打的文件会跟你的衣服一样漂亮。"美国总统没有直接指出女秘书的错误，而是在表扬女秘书漂亮的衣着时隐晦地说出来，这样既保全了女秘书的面子，同时也使她意识到自己在文件方面的问题，女秘书心悦诚服地改正了错误。

中国有句格言叫“忠言逆耳利于行”，但是像柯立芝这样的“忠言”不“逆耳”不也能起到“利于行”的作用吗？可见，“忠言”未必要“逆耳”。

批评是令人不愉快的事情，没有一个人愿意别人赤裸裸地批评自己，有时候，甚至会因此而有种被羞辱的感觉。可是，如果先让别人听一些令人高兴的赞扬，再去批评他，就比较容易接受了。改变他人，并不一定要以伤害他人的感情为基础。要知道，有效批评是从赞扬开始的。巧妙暗示对方的错误，或者先批评自己再批评别人，这些都是帮别人改正缺点、保全他人的面子的最佳办法。这些办法，能够让过失更容易改正，就像理发师在给人刮脸之前，先抹上一层肥皂一样，目的是在刮脸时让顾客不感到疼痛。

教师对待学生也是同样的道理，在学生犯错误的时候，并不一定要疾言厉色地在全班同学面前指责他，有时候采用一些恰当的方法，更容易使学生改正错误。怎样才能做到“忠言”不“逆耳”呢？

一、批评的原则

真正的批评不是伤害学生的心灵，而是为学生指点迷津、启迪心智，使学生改变不良的思想观念和行为习惯。中小学生毕竟年龄尚小，处于人生“成长”的特定阶段，有时缺乏明辨是非的能力，认识上存在一些错误、态度上存在一些问题、学习上存在一些缺陷、守纪上存在一些偏差是在所难免的。因此批评自然就成了教师教育学生的一种常用手段，但是批评也要注意以下几点。

1. 尊重学生

从心理学角度看，处在中小学阶段的学生，心理正处在逐步成熟的阶段，有待不断完善。在这一时期，他们的自我意识不断增强，希望得到同伴和成年人的理解和尊重，而现在的学生多是独生子女，甚至部分是在单亲家庭里成长，因此，对自尊心方面的问题特别敏感，而且自尊心非常脆弱。所以，教师在对他们进行批评教育时既要讲原则，不迁就其错误的思想行为，又要讲感情，尊重他们的自尊心。这是让学生接受批评、理解老师最基本，也是最关键的一点。如果老师动辄公开批评或训斥学生，伤害了他们的自尊心，他们不但不理解，不接受批评，反而会对老师产生反感情绪。

美国著名作家爱默生说过：“教育成功的秘诀是尊重学生。”当学生有缺点或犯了错误时，教师对其进行批评教育的出发点必须是为了学生，是出于对学生的关心、爱护，学生感受到这点，即使教师的批评严厉一些，他也能接受。反之，如果教师批评的目的只是为了警告他们、给他们施加压力，使他们以后不敢再犯错误，采取的批评方式是对他们的缺点、错误挖苦、讽刺，冷落他们，歧视他们，这样的批评伤害了学生的自尊心，很可能导致学生自暴自弃、悲观消极，甚至做出极端的行为。所以，一切应从关心和爱护他们出发，正所谓“亲其师，而信其道”。关怀和尊重正是打开学生心扉的钥匙，是教育学生、促使学生健康成长的关键。

2. 态度真诚

只有以真诚的态度进行批评，才能唤起学生的真挚感、亲切感、温暖感、信任感，使其愉快地接受批评。相反，如果批评的态度虚伪，往往会使学生产生冷漠、疑虑、不安等消极的情绪和情感。真诚是与学生进行有效沟通的第一要素，只有教师以一颗真诚的心与学生沟通，学生才能将掏心窝的话告诉你。只有这样，你才能找到问题的症结，进行有效的沟通，从而达到理想的教育效果。

批评学生最忌态度不好，如果教师态度生硬、粗暴，学生不仅听不进去，而且容易产生逆反心理。因此，批评学生只能和风细雨，不能暴风骤雨。教师要做到心气平和，必须加强自身修养，不论学生思想问题如何可怨、可怒，教师都应注意要温雅、平和、慈祥。坚决杜绝那种“你笨得像头猪”、“脑子坏了吧”、“你算是没有救了”等讽刺挖苦的语言。现在，一些教师面对学生的缺点和错误，往往不够冷静，不善于控制自己的消极情绪，常常是大发雷霆，斥责怒骂，有的甚至体罚和变相体罚学生，这只能使学生产生反感，降低教师自身在学生心目中的威信，降低教育效果。

3. 适度原则

一般来说，学生犯一些错误大都是无意的。教师在批评甚至处罚后，应该给学生留有一定的改正余地，要给他们“找个台阶下”，以利于今后更快进步。教师批评学生时虽然“该出手时就出手”，但也“该歇手时就歇手”，绝不应该采用过度的批评和处罚方式。做事总得有“度”，超过了一定的“度”，往往就会带来相反的作用。教师在批评时，必须掌握一定的分寸，这样才能有所收效。

（1）防止批评“过火”

不少教师在批评学生时，有时会脱离客观的实际，把学生身上的缺点和所犯错误有意识地进行夸张、渲染，以此想给学生以更大的刺激，促进其改正。殊不知，过火的批评、脱离实际的批评，反而会使学生产生反感，带来消极的作用。所以，每一个教师都应从客观实际出发，实事求是地指出学生身上的缺点和错误，并督促其改正。

（2）控制批评的惯性

在对学生的批评中，还存在着一种现象，这就是批评的惯性。

一个差生由于其身上固有的一些缺点，给教师留下了不好的印象，这样不免就常常要受到批评，久而久之，教师就会形成一种心理定势。对他的批评也就会形成一种惯性，使得其时时总要受到批评，而表扬则与之无缘；有时他取得了进步，教师也会由于这种心理定势，而对此视而不见，不能给予肯定、赞扬；而有些确实与之无关的问题，却由于这种心理定势而去批评他。这样只能使其对老师产生不信任感，教师对他的批评、教育也必然是无效的。

（3）避免重复批评

对学生过多地批评，特别是重复批评，会使学生厌烦，有经验的教师总是尽力减少批评学生的次数，努力避免重复批评。他们往往是准确地把握学生所犯错误的关键，明确地提出批评，切中要害，事半功倍。

4．以理服人

很多时候，一些学生会存在侥幸的心理，如果没有事实作为理据，那么批评就缺乏了说服力，也就让学生钻空子，教育也就无法开展了。所以不管事件再迫切，在处理问题前都要先弄清事实，只有掌握了事实发展的前因后果，批评才会有针对性，其效果才会更好，学生也会心服口服。

学生犯错误是很正常的，“人非圣贤，孰能无过”，更何况是正在成长中和发展中的学生呢？我们教师必须牢记学生正是世界观、人生观、价值观形成的阶段，是培养优良品质和良好的生活习惯的关键时期。没有正确思想的引导，没有道德规范的约束，是难以成人成才的。因此，对有错误的学生，只能耐心地和他摆事实、讲道理，不仅让其“知其然”，还要让其“知其所以然”，以此来提高他们懂道理、讲道理的自觉性。

要用一颗炽热的心去关怀他们，感动他们，真心实意帮助他们解决各种问题，用真善美去唤起学生自我教育的意识，让学生听后觉得你是真心为他好，设身处地地为他着想，不是跟他过不去、要他难堪。冰冷的态度、过重过激的言辞，都会引起学生的逆反心理，增加说服的难度。

二、避免错误语言

在教学中，学生犯错误是常有的，对学生的缺点错误，有经验的老师，总能保持稳定的情绪，平心静气地和学生讲道理。但是，也有一些缺少经验又脾气暴躁的老师，往往感情失控，大发雷霆，说起话来犹如炮弹出膛，全不顾及后果，不仅问题得不到解决，反而产生更多的麻烦。

1．发号施令

发号施令型的语言总是告诉学生：作为一个学生，他“应该”怎么做、“必须”怎么做、“最好”怎么做、“可以”怎么做。发号施令型的教师认为，通过这样的语言可以向学生传递解决问题的办法，期望学生最好能无条件地接受。例如，“坐下！不许动，现在轮不到你说话，等到你得到了原谅再说。”“你给我离开教室！”这种语言使人感到：学生的感受、需求或问题并不重要，他们必须顺从教师的感受与需要，并有可能产生对教师权威的恐惧感。这是教师单方面发出的语言信息，学生的情感或需求没有得到尊重，因此，学生有可能对教师产生怨恨、恼怒和敌对的情绪，比如顶撞、抗拒、发脾气等。

2．傲慢训诫

傲慢训诫的语言表达了一种预先设定好的立场，使学生感受到与教师之间地位的不平等，感受到教师在运用教师权威，容易导致学生对教师产生防卫心理。例如，“你是个初中生了，应该知道什么是对的！否则得到小学去回炉了！”“你应该很清楚写字必须用什么样的姿势。”这类语言在向学生表达：老师不信任你们的判断能力，你们最好接受别人所认为的正确判断。对于年级越高的学生，“应该和必须”式的语言越容易引起抗拒心理，并导致他们更强烈地维护自己的立场。

还有一些老师经常给学生打标记，例如，“我发现班上一有麻烦，总有你的份！”“我早就知道你不行！因为你太懒惰。”这种语言一下子就把学生打入了“另类”，最容易令学生产生自卑感或“破罐子破摔”式的消极心态。面对教师这样的标记式语言，学生会感到自尊心受到了损害。为了维护自己的形象，他们以后就会在教师面前尽量掩饰自己的想法和情感，不愿将内心向教师敞开。

3. 讽刺挖苦

如，“你讲话的水平真高啊，也许以后会有人请你当我们学校的校长。”“临近高考你还在玩，真是胸有成竹啊，看来你一定会考上名牌大学。”这类语言虽然相对说来比较温和，但效果往往很差。因为学生年龄较小、注意力不够集中或认为不关自己的事等，大多数学生并不能够透彻地理解这些暗示。哪怕有些学生明白了教师话语的部分含义，也会觉得教师说话如此拐弯抹角而有失坦诚，觉得教师“太做作了”，从而失去了对教师的信任。

讽刺挖苦的语言，学生会非常反感。教师在使用讽刺挖苦型语言的时候，是希望学生听懂这些话中的弦外之音。他们认为这是一种较为温和、较为“高雅”的表达方式。但是这类语言的潜台词是：“如果我们把话挑明，你们就会不喜欢我。”“跟你们坦白太危险了。”“我是有水平的教师，不会像你们这群傻瓜那样直筒子式地说话。”讽刺挖苦型语言对学生的伤害也非常大，因为这类语言的深处隐藏着的是对学生的厌恶和鄙视。

三、巧用批评方法

教育是一种双边活动，批评也是如此。批评由批评者“教师”和被批评者“学生”共同完成。所谓“运用之妙，存乎一心”，教师应讲究“批评的艺术”，让批评闪耀着艺术的光芒，使批评真正成为“艺术的批评”，使学生能心悦诚服地接受批评，从而达到预期的批评目的。

1. 设问诱导

学生偶有缺点错误，教师切忌简单训斥。刺伤学生自尊心的做法是愚蠢的。人人都要面子，青少年学生也是如此。所以有时明知学生不对，教师也不宜开门见山地批评，特别是不宜在大庭广众面前批评。设问诱导不失为一种批评教育的好方法。

〔**案例**〕一位学生上课迟到了。下课之后，老师找到这位学生和颜悦色地问：“是家里有什么情况？还是身体不舒服？你可以告诉我吗？”学生摇摇头，表示既没有什么情况，也没有身体不舒服。“这么说，是你今天起床迟了？是晚上睡得太晚了吧？以后可要早睡早起啊！”

设问诱导，没有一句训斥、指责的话，没有一个讽刺、挖苦的词，既问清了迟到的原因，又使迟到的学生受到了一次教育。

2. 把批评换成鼓励

擅长教育的老师，他们的一个秘诀就是少批评多鼓励，尽量把批评的说法换成鼓励的表达方式。

〔**案例**〕学校举行女同学拔河比赛，某班的女同学集体荣誉感不强，怕苦怕累，尽管个头高、体力强，却在第一场比赛时输了。老师在总结时说：“今天我们班胜利了！”同学们莫名其妙，满脸疑惑。他解释道：“人们说失败是成功之母。只要我班女同学团结一致，齐心协力，为了班集体的荣誉，共同奋斗，就一定能排除困难，取得胜利。”

老师的话说得真妙：既不批评她们集体荣誉感不强，也不责备她们怕苦怕累，而是鼓励她们为了集体的荣誉共同备斗，启发她们进行自我教育，增强集体荣誉感，还用“一定能胜利”的话，表现出对她们的信任。结果后几场比赛时，她们表现得很顽强。如果在第一场比赛后，老师在班上批评这个怕苦，说那个怕累，指责她们集体荣誉感不强，后几场比赛就可想而知了。

3. 用表扬代替批评

〔**案例**〕有位女同学，上数学课时经常趴在桌子上，表现出明显的厌学情绪。每节课老师提问她，她十次有九次不会，考试成绩很不理想，老师很恼火，所以每节课都提问她三四次。持续了三个星期，她的学习一点也没有进步。至此老师觉得自己冒失了一点，开始去了解她，但没有立即找她谈心，而是装得若无其事，目光却时刻注视着她的一举一动，寻找她的优点。不久机会来了，一天放学的时候，刮起了大风，其他同学都忙着回家，而只有她一个人在忙着关教室的窗子。第二天，老师在班上充满感情地表扬了那位女同学。此后对老师的课堂提问，她变得对答如流，后来她竟成了老师的得意弟子。

“教生十过，不如赞生一长”，学生多愿意听表扬的话，不愿听批评的话，甚至一听批评就心生厌烦。因此，我们在批评学生的不足时，应积极发现他的优点，真诚称赞他的进步，巧妙地用赞扬代替批评。

4. 引而不发

〔案例〕饭厅里，有位来自农村的学生将一只肉包子一掰两半，啃掉肉馅，“咚！”随手扔进泔水桶里，扬长而去。班主任找他个别谈话：“这个周的周记你就写你丢包子这件事。如你感到难写，我建议你想想下面几个问题再下笔：你当时是怎么想的，过后有没有想过这件‘小事’；这个肉包子是你花钱买的，但这买包子的钱是哪来的；你父母是农民，如果他们看到了你刚才丢包子的情景，将会做出什么反应；我今天建议你写这篇周记，你认为是否必要？”

引而不发，引导批评对象思考反省，进行自我教育，不包办代替，不乱扣帽子。学生在扪心自问时，就会感到老师对他的爱护和教诲，领悟到老师相信他有自我认识的能力。

5. 分析利弊

〔案例〕一位成绩优秀的学生，一次考试竟得了零分。原因是他帮同桌作弊，同样以作弊论处。他当时的想法是：“同桌要我帮助他，我怎能拒绝呢？”班主任找他谈心，跟他一起分析如此“帮助”，对同桌对自己各有哪些利弊。分清利弊之后，老师作了简短的小结：“从根本上说，这种‘帮助’对人对己都有百弊而无一利。这种害人害己的蠢事以后千万不能再干！”

分析利弊，实质是分清是非，帮助学生提高认识。认识提高了，学生会自觉地改正缺点错误，其效果是任何训斥和处分所不能比拟的。

6. 加点幽默

有人说过，幽默可以成为批评者和受批评者之间的润滑剂。当你批评别人时，请注意使用它。

〔案例〕说话风趣幽默的鲁迅先生，批评学生也别具一格。他的学生川岛把大部分时间花在谈情说爱上了，他批评起来诙谐得如同相声一般，还有诗歌的韵味和意境。鲁迅先生在送给他的《中国小说史略》扉页上写道：请你从“情人的拥抱里”暂时伸出一只手来，接受这干燥无味的《中国小说史略》。鲁迅先生的批评让人忍俊不禁，又深受教育。

德国著名演讲家海茵兹·雷曼麦说：“用幽默的方式说出严肃的真理，比直截了当的提出更能为人接受。”在进行批评的时候，请用点润滑剂。

7. 冷处理

教师遇到问题找学生谈话，一般是抱着及时解决、宜早不宜迟的态度，仿佛趁热打铁才能成功，但是具体问题要具体分析，有些情形需要冷处理，要欲擒故纵，要留一段空白时间，以便学生有一个反思审视、自省自悟的余地。

所谓“冷处理”就是暂时将事情搁置，给学生冷静的时间，将他置于事件以外，让他观察、思考、反思，最后主动得出结论。教师在处理有关问题时，只要是把处理的时间向后挪而不造成不良后果，就应把时间尽量朝后挪，给学生一个渐悟的过程。这样，既能让学生内化，达到认识、自悟、忏悔、改过的目的，也能让老师有充分的时间进行调查了解，从而分析研究学生的过错心理，一边抓准事态的症结和选择恰当的处理办法。同时，更能让教师在心理上进行“冷处理”，避免感情冲动和妄下论断。

这种方法比较适用于那些容易冲动、性格较自我的学生。但在实施的过程中一定要把握好火候，不能伤害学生的自尊心，否则将激起更强的逆反心理而不能达到批评教育的效果。

8. 以退为进

〔**案例**〕杜老师曾经接管了一个班。当时，正好赶上学校安排各班级学生参加平整操场的劳动。这个班的学生躲在阴凉处，谁也不肯干活，任凭杜老师怎么说都不起作用。后来，杜老师想到一个办法，她问学生们："我知道你们并不是怕干活，而是都很怕热吧？"学生们谁也不愿说自己懒惰，便七嘴八舌地说，确实是因为天气太热了。杜老师说："既然是这样，我们就等太阳下山再干活，现在我们可以痛痛快快地玩一玩。"学生一听十分高兴。杜老师为了使气氛更加融洽，还买了几十个雪糕让大家解暑。在说说笑笑的玩乐中，学生接受了杜老师的说服，不等太阳落山就开始愉快地劳动了。

对于学生的"偷懒"现象，杜老师没有直截了当地批评、指责，而是采取"以退为进"的处理方法。这样做不仅巧妙地化解了师生之间的尴尬，还充满了对学生的人文关怀，使师生关系出现了其乐融融的和谐景象。可见，老师如果本着保护学生心灵的思想，真正做到"以退为进"，就一定能"精诚所至，金石为开"，使沟通取得"退一进二"的神奇效果。

9. 借"题"发挥

教育蕴藏着机智，沟通也充满着智慧。"借题发挥"也是老师经常运用的沟通艺术。在一些特定的场合，老师如果能巧妙地借题发挥，就能使学生心悦诚服地接受。

〔**案例**〕有一位班主任，发现他们班的个别女学生有爱哭的小毛病，就决定在班会上就此谈点看法，他是这样引出问题的。首先，在课堂上，他先问了个问题："大家看过《红楼梦》吗？"大家立刻回答："看过！"他看了看大家，说："现在，我想问一个男同学一个问题。"说着，这位班主任走到一位勇敢的男生跟前，说："你喜欢林妹妹吗？"男生回答："不喜欢，因为林妹妹爱哭。"班主任借题发挥，恰到好处地讲起了哭意味着无奈、软弱和缺乏信心等道理。

只有精妙的艺术，才能产生永恒的作品。一名优秀的老师要善于捕捉灵感，不断拓宽教育的领域，巧妙地借题、借助载体而发挥，让教育变得亲近而易于接受。

第二节　模糊是一种策略

在生活中我们常常听到“只可意会，难以言传”、“此种心情实在难以用语言形容”等等说法，这就是对语言局限的慨叹。古人云“书不尽言，言不尽意。”大千世界是纷纭万象的，而人类的语言能力则是捉襟见肘的，以语言的有限无法穷尽宇宙的无限，因而无法尽意的模糊语言就是一种客观存在。

模糊语言频频“现身”于人们的口头耳际，这不仅仅是语言自身性质的体现，而且也是因为人们在语言实践中更发现模糊语言有其自身的独特妙处。这种妙处体现在模糊语言构成了一种具有弹性的语言结构，它措辞含糊，语义易变，显示出明显的伸缩性和变通性，因而在特定的场合使用可以获得特别的效果。

一、模糊语言概述

模糊语言是由模糊词语和模糊言语构成的。

模糊词语反映的是客观世界所具有的模糊性的一个方面，具有客观性。常见的词语是那些表性态、表程度、表范围的形容词和副词，如：美、丑、高、矮、胖、瘦、粗、细、长、短；“比较美”“很美”“特别美”，“一部分”“大部分”“绝大部分”，“一段时期”“长时期”“相当一段时期”等等。这类词语所表达的意义都是没有确定的界限的，所反映的客观事物都存在一个明显的中介过渡的特点。

模糊言语是指人们使用语言时巧妙地运用模糊词语或模糊手法造成模糊效果所形成的话语，具有主观性和技巧性。在课堂教学中，一方面，教师运用模糊词语准确地讲授教学内容，体现严密的科学性。另一方面，教师还特别注意巧妙地运用模糊词语和模糊技巧造成模糊效果，从而体现教学语言的生动性、机智性以及更具启迪性。

〔案例〕辽宁特级教师魏书生在课堂中说的一段话："幼时觉得极高的滑梯，现在看上去几步就能到顶；幼时觉得很高的假山，现在几步就能跃上去；幼时觉得很宽的街道，现在觉得竟是挺窄的里弄……之所以会产生认识上的差异，是我们长大了，眼界高了，是因为我们自己改变了。昨天难办的事情今天会极为顺手，昨天的对手今天可能变成为助手，昨天的惆怅今天转化为喜悦，昨天的失败，今天会转化为胜利……改变了自己，你会觉得，世界更可爱，水比昨天清，花比昨天艳，天空看起来都比昨天要蓝。"

这段话内涵极为丰富，很富有哲理性，能使学生从中悟出一个理：要用发展变化的眼光看待自己，看待周围的一切事物。教师在说这段话时，除使用了大量的模糊词语之外，更为重要的是使用了类比的手法，就是将学生各种熟知的生活现象和心理变化，与当前由于所遇到的某种现象而产生的某种困惑作了多角度、多层次的比较，这种比较只能说是类似的，只能作整体的模糊把握，只能作非定量定性的非逻辑的体味，因而无论是从表现手法来看，还是从思维状态，或者从产生的效果来看，都具有极大的模糊性。

除了类比，教师还常使用比喻和象征的手法。

〔案例〕一位大学的哲学教师在接受学生提问时，作了如下的回答：

学生问：你作为一位大学的德育教师，你对你和你的同事所从事的思想政治工作有何评价？

教师答：我们是种树人，本来可以选择在屋后种瓜种豆，这样会有很可观的收入；也可以选择庭院前种花种草，这样会使人赏心悦目而没有矛盾。但是，我们走出书房，选择了种树，在风沙中垦荒，在雨雪中种树。种树者往往是不留名的，但种树者是问心无愧的。不过，我们有时也因为护树需要种一些“刺”。

这里，教师把从事政治思想工作比喻为“种树人”；把从事其他工作比喻为“种瓜种豆”，“种花种草”；把做思想政治工作的艰辛喻为“在风沙中垦荒”、“在雨雪中种树”、“护树”；把在工作过程中所给予的必要批评或惩处喻为种“刺”等等。整段讲话，只有喻体，没有实体。这是对思想政治工作者的评价，不但不空泛，反而非常全面，非常贴切。然而仔细琢磨，“种树”和做思想政治工作，“种树人”和思想政治工作者，真会是一码事吗？两者之间同样只存在相似。

二、课堂需要模糊语言

亚里士多德在《诗学》中指出的：“善于使用隐喻字表示有天才，因为要想出一个好的隐喻字，须能于不大相似的事物中看出它们的相似之点。”比喻的客观依据就是事物之间的模糊相似关系。类比的手法，比喻的手法，象征的手法，全都根源于模糊。

类比的事物喻体、象征体与实体之间全都呈现出“亦此亦彼”，“似与非似”的状态，共同的目的在于明理。其所以能明理，就在于强化“似”，淡化“非似”，强化的结果是“具象”，造成鲜明的形象感，在形象的驱使下进入理性思维。

一般地说，学生在接受教师运用类比、比喻、象征的手法所讲述的语言时，往往都作了“二次性理解”，即在理解语言的表层意义的基础上去理解语言的深层内涵。值得注意的是，教师在使用这些手法时，常常遇到个别学生钻牛角尖，提怪问题。

〔案例〕一位年轻的女教师在讲《从百草园到三味书屋》时讲到“美女蛇”，一个学生举手问：“老师，有美男蛇没有?”其所以出现这种现象，除了别的原因之外，最根本的原因就在于理解比喻的表层意义时，强化的不是相似点，即美女与迷人的外表相似，而是由“女”想到“男”，从而阻塞了对这个比喻的深层内涵的理解。

类比、比喻、象征等手法在课堂教学的价值，除了具体、形象，便于为学生所接受所理解之外，还在于“二次性理解”所留给学生的想象与思维的弹性空间。暗示、委婉、岔断、变异等手法也是教师在教学时经常使用的方法，同样可以造成模糊效应。

课堂教学中需要模糊语言，巧妙地运用语言的模糊性还是一种极好的教学手段。美国加州大学教授格哥根指出：“描述的不确切性并不是坏事，相反，倒是好事，它能用较少的代价传递足够的信息，并能对复杂事物做出高效率的判断和处理。也就是说，不确切性有助于提高效率。”

三、巧用模糊语言

〔案例〕一位新来的班主任，给学生上劳动课，可这个班的同学却被少数几个学生操纵着。当老师布置劳动任务后，全班竟然没有一个学生离开教室去完成老师布置的劳动任务。这时，老师说了下面一段话：

今天的劳动任务是必须完成的……我不相信哪位同学这样害怕劳动，我也不会相信一位正义、勤奋、积极、追求进步的同学会由于某种不良的外力而竟然不敢履行自己神圣的职责和义务。接着，他分别提出：愿意维护团徽荣誉的团员同学，请率先离开教室；要求保留干部资格的班干部同学请离开教室；愿意追求进步的和不愿意与我这个新班主任对着干的同学，请离开教室。说完，学生一批接一批地走出教室参加了劳动，就连平日在班上起操纵作用的那几个学生也跟着走出了教室。

如果作为工作方法，这是一种化整为零、分而治之的方法。但从课堂语言来说，却是模糊语言的巧妙运用。首先，用两个“不相信”与“哪位”、“一位”相搭配，构成两个模糊判断，而把其中少数同学的操纵作用只说成是“某种不良的外力”，两者既有所区别，又极有分寸。然后，根据不同的学生提出不同的要求。这些要求，内涵是明确的，甚至是硬性的，但适应的对象却是模糊的，可作选择的。为什么那几个在班上起操纵作用的学生也会跟着走出教室呢？因为第三条同样适应他们，可见这几条要求所具有的弹性。

教师就是这样用语言的模糊性施展教育与教学的策略。批评学生，不点名道姓，而是说“某同学”、“个别同学”、“少数同学”、“极少数同学”；说到事实时，用“不良习气”、“不文明行为”、“令人不愉快的事”等等，这样给学生留了面子，不至于造成对立情绪。

在教学中，也经常用“一些”、“某些”、“某方面”、“从某种意义上说”、“从某一个角度来理解”等等词语，既避免绝对化，又留给学生一个思索的余地。模糊语言的不确定性所带来的表达上的灵活性、多样性、暗示性，不仅给教师提供了施展语言策略的天地，也给学生留下了领略会意的空间。

第三节　此时无声胜有声

哲学家说，沉默是一种成熟；思想家说，沉默是一种美德；教育家说，沉默是一种智慧；艺术家说，沉默是一种魅力；科学家说，沉默是一种发明。我们知道，在人际交往当中，沉默是一种难得的心理素质和可贵的处世之道，在很多时候，沉默可以起到此时无声胜有声的效果。

一、沉默是金

具备优势的时候需要沉默。“天地有大美而不言”，太阳不语自是一种光辉；高山不语，自是一种巍峨；蓝天不语，自是一种高远……人也一样，桃李不言，下自成蹊。

取得成绩的时候需要沉默。面对成绩和掌声，成功者报以深深的一鞠躬，这是无声的语言，是恰到好处的沉默。

遭受挫折的时候需要沉默。在失败和厄运面前，拭去眼泪，咬紧牙关，默默地总结教训，然后再投入新的战斗，不失为上策。

等待时机需要沉默。造化总是把机会赠送给有充分准备的人，怨天尤人无济于事，不断充实和完善自己才是可靠的。

承担痛苦的时候需要沉默。如果亲友沉浸在不能自拔的悲伤之中，此刻，无论你说什么，他都听不进去，那就默默地陪他度过一段时光，默默地为他做一些事情。

沟通心灵的时候需要沉默。不是随便打断他的话，而是善于倾听。在倾听中汲取智慧，弥补纰漏，建立信任，产生满足。

沉默是无声的语言，教师在教学中或与学生谈心中，适当地运用沉默，能收到事半功倍的效果。

〔**案例**〕一次，一位教师正在讲课，同桌的两位男生不知道为什么突然就大声地说笑起来。教师当时就停下来了，什么也没有说，只是静静地注视着他们，默默地站着足有一分钟。全班同学看到老师的反应和目光，也都疑惑地看着那两位男生。他俩意识到大家的目光后，立即安静了下来，脸红着低着头。教师没有立即训斥他们，而是继续讲课。下课后，这两名男生主动找到了教师，承认了错误，认识到了上课的时候应该认真听讲，保证今后不再搞小动作。

教师运用沉默的力量的情况有很多：上课铃响了，教师也进教室了，但学生们仍然喧嚷不止，教师默不做声数十秒，肃立讲台，伴之以严肃的目光直观或环视学生，很快，课堂便会安静下来；自习课几名学生在教室内大声喧哗，教师走进教室站到讲台上，喧哗声没有了；全体师生大会，两名学生在小声嘀咕，教师走到他们跟前，嘀咕声没有了；单元测验，一名学生要抄袭，教师走到他跟前，这名学生脸红了……从这些事件中，我们可以看到教师适时沉默的魔力。其实学生大都能自觉认识错误，并且以后大都不会再犯。该省则省，无声胜过有声，这就是“沉默”教育。

虽没有言语，教师的沉默却为学生提供了一个自省的机会，让学生主动承认错误。虽没有言语，教师的沉默却保护了学生那极强的自尊心。同时，沉默也树立了教师自身在学生心目中的信誉，维护了教师的良好形象，同时，也维护了教师的尊严。这种“沉默”教育实质上就是对学生的一种内在心理感化教育，是培养学生的自尊、自爱品质的教育。

沉默还具有强调作用。教师讲课时，若要强调或突出某些内容，便可在此之前突然有意停顿一会儿。然后，再以适当的语速讲解后面的内容。这样能提起学生的注意力，急切地想知道教师下面将要讲什么。

面对沉默时，往往会引起学生对教师提出问题的思考，或因为教师的沉默而对自己的行为进行自我反省，检查自己的过错，领悟老师无声话语的暗示，可以达到“无声胜有声”的效果。

沉默是师生眼睛的注视交流，是彼此心与心的碰撞，是在沉默的过程中进行无声的交流，沉默中传递眼神也会达到“心有灵犀一点通”的效果。“沉默”为师生创造了一个平静的氛围，通过激发学生的自尊、自爱之心，诱导学生自我认识错误、自我教育，使教师的期望内化为学生的自觉要求。如此，教育才有后劲。

第四节　耐心倾听学生

教师作为“人类灵魂工程师”，应发挥其良好的倾听品质的作用。对于学生而言，给不给其机会表达自己并且能被倾听，是学生能否获得敞开心怀的快乐的关键。学生不被倾听的后果可能是，不是以捣乱方式表现自己，就是以自闭方式“虐待”自己。老师只有通过耐心倾听学生，才能使学生打开心灵的窗户，看到学生内心深处的情感和灵光，才能与学生建立心灵的桥梁，由此教育教学也才能收到事半功倍的效果。

一、耐心听学生说话

倾听与说话一样都是思想交流的方式，有时倾听比言说对于说话者来说更有意义。

〔**案例**〕一天，美国著名节目主持人林克莱特在访谈一位小朋友时问他：“你长大后想当什么?”小朋友天真无邪地说：“嗯，我长大后要当飞机驾驶员!”林克莱特接着问：“如果有一天，你的飞机飞到太平洋的上空时，所有的引擎都熄火了，你会怎么办?”小朋友想了一想说：“我先告诉飞机上的人绑好安全带，然后我挂上我的降落伞，先跳下去。”在座的观众笑得前俯后仰、东倒西歪时，林克莱特仍注视着这孩子，没有想到孩子的两行热泪夺眶而出，这让林克莱特感觉到了这孩子的悲悯之情远非笔墨所能形容得了的，于是他便问孩子道：“你为什么要样做呢?”小孩子的回答透露出一个孩子真挚的想法：“我要去拿燃料，我还要回来！我还要回来!”正是由于林克莱特保持了倾听者的一份亲和力、一份平和、一份耐心，才使他听到了这名小朋友的最善良、最纯真、最澄明的心语。

下面是一则日本教育小说中讲到的关于老师对学生的“倾听”的缺失与存在产生不同效果的故事：

〔**案例**〕一个天真烂漫的孩子在小学校里读书，她非常喜欢年轻漂亮的女老师。可是，当她高兴的时候，总是在静悄悄的课堂里弄出烦人的响声，不是手舞足蹈，就是翻动桌板。年轻漂亮的女老师全然不顾小女孩和她家长的情面，也没有兴趣了解孩子的心思，十分坚决地要求小女孩家长让她转校。孩子的母亲无可奈何，小女孩却根本不知道老师对她的看法。家里费尽了周折，终于在报纸上找到了一个似乎适合这个小女孩的学校，于是母亲便带着孩子去试试看。

这所学校在乡村，教室是用两节旧火车厢组成的。学校没有很正规的院墙，面对的是大自然广阔的天地。学生每人可分到一颗树，既可以随意攀爬，也需要浇水培土。学期结束时学校对学生的奖励是校园里栽种的水果蔬菜，所有环境都与自然和谐相关。孩子来到学校，最开心的就是接待她的校长耐心地听她随心所欲地说了两个来小时，她得到了从未有过的满足。她多么希望那位年轻漂亮的老师也能够像这位校长那样听听她的想法，但随着时间的推移，这种想法逐渐淡去了。孩子留下来了，她似乎找到了适合自己的天地。

教育者的倾听给了她敞开心怀的快感，也使她自然地步入人生的最初阶段。

二、倾听让学生敞开心扉

老师通过做学生忠实的听众，可以让学生敞开思想的大门，无拘无束地诉说自己的心灵深处的感悟。比如说，一位老师在教授六年级《林海》时就充分体现了其倾听品质，并通过倾听，关注学生的观点和发言，关注学生的兴奋和疑惑，鼓励学生大胆表达自己不同的想法：

〔**案例**〕该老师在教学《林海》第二段时，设计了这样一个环节（投影出示，花丛里还隐藏着像珊瑚珠似的小红豆，兴安岭中酒厂所酿成的红豆酒，就是用这些小野果酿成的，味道很好。）

老师：请大家读一读这两句话，你喜欢哪一句？

学生1：我喜欢第一句，第一句是个比喻句，把小红豆比喻成了珊瑚珠。

老师：（由平和状转向询问状）你表达了自己的想法，很好。还有没有别的意见呢？

学生2：不是说比喻是让事物更形象，给人以直观的感受吗？所以一般应用大家较为熟悉的事物作比，可是“珊瑚珠”我们看也没有看见过呀。

老师（看着学生2）：你很会思考。

学生3：珊瑚珠晶莹剔透，看上去十分可爱、有趣。这里把小红豆比喻成珊瑚珠，说明小红豆也长得非常可爱。

学生4：老舍爷爷把这种普通的小野果写得这么可爱，说明他很喜欢小红豆。

老师：（高兴地）大家说得真好……

（一位学生打断老师的话）

学生5：老师，我还有一种想法（思考状）。

老师：（鼓励地）那请你说出来让我们大家听听。

学生5：我觉得老舍爷爷把小红豆比喻成珊瑚珠，还有一个原因。课文把大兴安岭称为“林海”，珊瑚珠在海中才有，所以他把小红豆比喻成珊瑚珠，我觉得比喻得很恰当，而且这样既写出了小红豆的可爱，又表达了老舍爷爷对小红豆的珍爱之情。

老师：（欣喜地）妙！妙！说得妙！（学生鼓掌）你真是个会读书的孩子！你把这句话与整篇课文联系起来了。

在这里，老师用征询、诚恳，鼓励的语言，如“请大家读一读这两句话，你喜欢哪一句?”“那请你说出来让我们大家听听。”传递给了学生无限的自由和信心，激发起了学生表达自己独到见解的热情。老师及时的反馈、肯定，如“你很会思考。”“你真是个会读书的孩子!”不仅点燃了学生思维碰撞的火花，还促使学生形成良好的读书习惯。通过自主阅读，积极与别人交流和合作，大胆发表个人见解，所有这些，都与老师是一个良好的倾听者，有良好的倾听品质分不开的。

三、倾听，走进学生心里

老师的用心倾听可以走进学生的心灵世界，去感化孩子那一块澄明的净境。下面的丁老师就是通过用心倾听孩子，不但有了活在了孩子的心灵世界里的感觉，而且也让自己获得了更多的快乐。

〔**案例**〕丁老师在春暖花开的季节带着孩子们去学校大操场放风筝，她把这当作放飞心灵的行为，让孩子放飞一份好心情。丁老师安排4~5人一组，一组放一只风筝。这样一方面培养孩子的合作精神，另一方面风筝放上天也不容易，需要集体的力量。在丁老师和孩子们的努力下，一只只风筝飞上了天。丁老师仰望着蓝天，这边飞着一只蝴蝶，那里飞着一只燕子，望着望着，丁老师觉得天空中飞着的似乎就是自己和孩子们，因而沉浸在了无限的遐想和喜悦之中。就在这时，一个孩子跑来向丁老师报告："丁老师，小丽她一个人拿着风筝走开了。"

丁老师在假山旁边找到了小丽，她蹲在那儿，手里拿着一只蜻蜓样子的风筝。丁老师正想拉起她训斥一通，却听到她甜甜的声音："小蜻蜓呀，你马上就可以飞了！你可要记得向蓝蓝的天说声'你好，帮我亲亲小鸟'。"她停下来，指着飘动的朵朵白云，继续说："还要告诉天上的羊群我喜欢它们，问问它们愿不愿意住到我家去。"说完，她亲了亲那只小蜻蜓，转过身看到了丁老师，愣了一愣，怯生生地喊了一声"老师!"丁老师摸了摸小丽的头，微笑着说："小丽，快去把你的小蜻蜓放上天吧!"望着小丽远去的背影，丁老师庆幸自己没有冲动地教训小丽一通，而是倾听了她的自言自语。"多么可爱的一个孩子啊！但愿那只飞扬的小蜻蜓会问候到蓝天、白云和小鸟。"丁老师心里在说着这些话。

老师要能够通过倾听打开和进入学生的心扉，就需要倾听出学生话语中的多种不同含义以及言外之意。老师需要由于倾听而感动，感动于孩子的真诚和对生活的热情；由于倾听而呵护，呵护孩子细腻而敏感的心灵，呵护孩子的童心和童真；由于倾听而理解，理解孩子作为孩子的一切……只有这样，老师才能真正走进学生丰富多彩的内在世界。

第四章　语言也是一支舞

“人才未必有口才，有口才的人一定是人才。”虽然这只是一句俗语，却真切地道出了“说话”的重要性。作为教师，语言是完成教学任务、培养学生最主要的工具之一，也是人际交往不可缺少的重要工具。我们常说，有水平的教师不一定就是会讲课的教师，其关键的原因，就是空有满腹经纶，却如“葫芦里煮汤圆——倒（道）不出来”，这实在是一件非常令人惋惜和遗憾的事情。

语言是一支优美的舞蹈，需要舞者长时间的辛苦磨练，才能在舞台上展现自己的舞姿。作为教师，要掌握真正的语言艺术，就必须掌握语言的技巧，不断创新，形成自己的语言风格。教师的职责，不仅是教书，还要育人。教师与学生交流，需要的不仅仅是技巧，还需要爱，需要真诚，只有走进学生心里，把话说到学生的心坎上，才能实现心与心的交流。用心爱自己的学生，尊重理解自己的学生，有时候不说话，仅仅是一个微笑，也能产生良好的效果。

第一节　个性探戈

会说话的教师不一定能成为优秀教师，但优秀教师一定是会说话的人。要想在普通教师中脱颖而出，攀上你心中的顶峰，你就必须学会“说话”。同时，教师还要注意形成自己的风格，不能对优秀教师的成功经验生搬硬套，必须从自身的实际情况出发，培养属于自身的语言风格。如果说语言是一支舞，那么每个教师作为不同的舞者，就应跳出属于自己的探戈。

一、自然质朴

列夫·托尔斯泰说："如果世界上有优点的话，那么质朴就是最重大、最难达到的一种优点。"具备这种优点"难"就难在以事物原本的色彩显示一种自然的、质朴的美。教师语言艺术具有这样的优点更"难"，难就难在它不修饰、不雕琢、不渲染，却要显示教育教学语言的基本格调——不贫乏，不呆板，不单调。因此，朴实是教学语言风格的基本格调，自然质朴地叙事、状物，是一种没有丰富的教学经验、没有较高的语言修养便难以企及的表现风格。它主要表现在：

1．择用口语

口语突出的特点是质朴亲切，自然流畅，生动鲜活。教师在叙述、讲解、分析、推论时，选用通俗晓畅、平实情真的口语词，貌似平淡无奇，却能平中见巧，淡中显奇。

〔**案例**〕我们都看过射击表演，靶场远端悬挂着一排气球，解放军叔叔端枪就放，气球炸了一个，又炸了一个，……那真叫弹无虚发！他们为什么有那么高超的技艺呢？在欧阳修的散文《卖油翁》里，我们可以得到启示。

上例是一位老师讲授《卖油翁》的导入语。运用平实而富有动感的口语，粗线条地勾勒"射击场"中解放军叔叔高超的技艺，语言具体、形象，给人"闻其声，如见其形"之感，既有听觉感，也有视觉感。欣赏这样的语言，总觉得是似曾一般非一般。纯朴的思想、纯朴的人格蕴含在朴实的语言风格之中了。

2. 选词准确

常用词语的运用是朴实这一表现风格的主导倾向。大量地运用常用词语又有一个“准确”的前提。正如李准先生所说的：“我觉得准确太重要了，首先是‘准确’。准确了，就会产生一种质朴的美。”教师语言风格要达到朴实，首先，要叙事说理力求准确，阐释推导力求准确；其次，要铺陈揭题真实，抒怀析义真实。如同白描，寥寥几句，就把表达的内容准确真实地、自然平实地摆在学生的眼前。

〔**案例**〕有位政治老师讲“商品”这一概念时，向学生说到：“中秋节我给外婆送月饼，外婆留我吃饭，月饼换饭吃，是不是商品?”学生在讨论中得出了送月饼的目的不是为了吃顿饭，因而不是交换，所以月饼不是商品的结论，进而明确了“商品”的含义。

这里，教师准确运用贴近现实生活的常用词语，甚至是地地道道的大白话，细细咀嚼品味这些话，却显得活灵灵、水盈盈。

3. 遣词朴实

教育教学语言，特别是教学语言的朴实是教学论所要求的，也是教学语言的基本格调。通常没有长串的、叠加的修饰和形容成分，要在很大程度上表现本色，即事物原本的、未加雕琢的色彩。教师语言要达到朴实，在叙说时，不描摹，开门见山；解说时，不铺排，条理清楚；评述时，不渲染，观点鲜明；抒情时，不呼告，情在其中。

〔**案例**〕有位历史教师在解析“秦朝灭亡”时，则充分显示了朴实的特征：公元206年，刘邦率领起义军进入咸阳。继位只有46天的秦王子婴，乘白马素车，脖子套着丝绳，双手捧着玉玺，到城外躬身迎接，表示投降。至此，陈胜和吴广在大泽乡点燃起来的革命烽火，终于烧毁了想要万世一系的秦王朝。秦王朝不仅没能万世一系，到头来只落得个二世而亡，历史又翻开了新的一页。

这样的教学语言少有青枝绿叶，却如实地将叙说对象秦二世的主要特征勾勒了出来。

二、庄重文雅

教师讲课的态度应端庄持重，出语要脱俗文雅。一句就是一句，有根有据。说话间很少用俚语俗语，偏重用书面语，还不时杂有文言词、文言句式。即便是诙谐，也常常是从引经据典中生发出来。

〔**案例**〕有位老师教柳宗元的《捕蛇者说》，当讲到最后一句："故为之说，以俟夫观人风者得焉"，其中的"人风"本应是"民风"，因为唐太宗叫李世民，要避讳这个"民"字，所以才改用"人"字。说到这里，教师讲了一段有趣的笑话：

我国古代对于地位或辈分高的人，依礼不得直呼其名，连名字里的每一个字都不能念出来，谓之"忌讳"。五代时有个大官叫冯道。《籍川笑林》记载了冯道的门客讲老子《道德经》的一则故事。《道德经》开卷第一句是："道可道，非常道"，门客因为要忌讳冯道的"道"字，不敢读出"道"字来，只好念"不敢说，可不敢说，非常不敢说。"

即算是说这样的笑话，也显得很高雅。尤其是发表自己的见地时，更不会随意，常常是建立在对各家之说的分析批判的基础上。

〔**案例**〕讲到什么是政治时，有的教师先引用古今中外的一些有代表性的论述：

孔子曰："政者，正也。子帅以正，孰敢不正。"

马基雅弗利认为，政治是"是用强力统治人，用权术欺骗人"。

孙中山认为："政就是众人之事，治就是管理，管理众人之事，便是政治。"

列宁说："政治是经济的集中表现。"又说："政治就是各阶级之间的斗争。"

接着，教师指出他们各自的片面性，然后将列宁和孙中山先生的说法加以科学的归纳，说出自己的看法，既开阔了学生的思路，又为自己的见地确立了坚实的基础，同时也显出了庄重文雅的讲课风格。

三、委婉诙谐

教师在讲课时，在很多情况下不直接说出本意，而是借助相关、相似的事物加以暗示、启发，使学生通过想象、联想、思索去领悟本意或者答案。在这一过程中，因为教师说话的机智性、事物的生动性、领悟的曲折性等，也自然构成了诙谐，给人的感觉是引而不发，欲说还休，意在言外，弦外有音。

〔案例〕一位班主任发现班上个别学生有"早恋"的苗头，但又证据不足，尤其考虑到在班上把话题挑明，极有可能使个别学生陷入难堪而产生对抗心理，同时还可能在其他同学中产生负面效应。于是在讲课时，突然生发出一段话："我们村子周围有大片的果树园，寒来暑往，春华秋实。有一年秋末冬初，我惊奇地发现，有些就要落叶的果树枝上竟然又开出了一簇簇小小的果花。不久，花谢了，叶子落尽了，小果实也烂掉了。小时候，我每每捧着这些可怜的小果子发呆。后来，我才明白：不该开花的时候开花了，不该结果的时候结果了，是会受到自然规律惩罚的。今天，同学们中的一些事情同样引起了我的思索，你们是否也从中得到了一些启迪呢?"

显然，这是一段极富暗示性的教育语言。具有这类风格的教学语言的特点是：词语具有极大的隐含性，隐性意义常超越显性意义；大多采用象征、拟人、双关、类比等修辞手法；而且还通过描景、叙事、论事等手段间接地表现本意。

四、遒劲有力

这种风格是以雄健遒劲的语言，表现出一种宽阔的境界和磅礴的气势，体现出一种奔放的情感和浩瀚的精神。文理科教师都可以运用它，以表现气脉贯通的语势，显示雄浑豪迈的格调。

教材特别是文科教材中，金戈铁马、惊心动魄的战争场面；烈士就义、慷慨激昂的战斗气氛；热火朝天、你追我赶的建设工地；江河奔腾、惊涛骇浪的自然景观；“烈士暮年，壮心不已”的雄图大略；“鞠躬尽瘁，死而后已”的人格魅力等等，都可以让教师豪迈奔放、雄健刚强的语言风格“大显身手”。即使是理科教材，对一些在科学事业上做出特殊贡献的人物及其发明、创造等的介绍，也可以运用遒劲有力的语言倾情表达。

文科教材中的诗词韵文，多语言遒劲、气势雄壮，蕴含着大气磅礴的风格。如毛泽东的诗词，较多用开口度大、洪亮有力的“江阳”、“寒山”、“坡梭”、“遥条”等韵脚，声音洪亮、语势豪放。恰当地选用这一类韵母的词语，可以从声律方面加强雄浑高昂的语势。

教师要注意表情达意的语气。语气是教师对传播载体深层挖掘后的情感体验的自然流露，具有很强的表情作用。在不同的情感情绪场中，一定的语气总是和一定的声音形式紧密联系。例如表达“愤怒”的感情时，声音响度大、语势猛，气粗声重，给人一种震慑感；表达“喜悦”的感情时，声音高而亮、语势急，气短声高，给人一种兴奋感。准确地运用语气，可以折射教师奔放洒脱的个性魅力。

教师还可以选用高亢响亮的语调。语调是教师语言最生动、最丰富、最具变化性的语音形式，它与丰富声音的表现形式和话语状态配合，综合上升为豪放刚健的格调，传递教师自己的内心世界、情感体验以及个人的深层意识，即价值观、人生观、世界观。它和语气一样，是根据教师内在心理活动和观念态度的起伏变化而变化的。例如表达着急的心情和不安情绪时，则选用高昂急速的语调；反映低落的情绪和郑重的态度，则选用低沉迟缓的语调。

五、形象生动

这种风格讲求辞采，注重修饰，而且情思丰富，色彩鲜亮。在用词方面，重视词语声音的和谐，如常用一些拟声词、叠音词、双声叠韵词等，并注意音节的配合，较多使用色彩鲜明的形容词，常用一些变格转义的词语；在句式方面，不拘一格，灵活多变，常有意识地选用一些描述句、整句、变序句等；在辞格运用方面，多用比喻、比拟、拈连、借代等富有形象性和生动性的辞格。

〔案例〕河北滦南一中的汤晓燕老师上《石钟山记》一课，临近尾声时，别出心裁地以导游者的口吻向同学们介绍了石钟山的优美景象和山名的由来：

鄱阳湖口，长江之滨的石钟山，素有“小蓬莱”之称，是座千古名山，山上“石钟亭”“怀苏亭”“清浊亭”等三十多个景点各具特色，但最让人留恋的要数“江天第一览”了。从登山南路拾级而上，步入山门便见“石钟亭”。沿阶而进，穿过竹林，是纪念苏东坡三游石钟山的“怀苏亭”，再过“绀园”，横穿“廊外廊”就到了悬崖绝壁之上的“江天一览亭”了。这里视野开阔，气象万千，为眺望长江和鄱阳湖的览胜之处。站在亭前的一块巨石之上，手扶栏杆放眼望去，水天相接；稍近，碧波荡漾的鄱阳湖和波涛滚滚的长江水你挤我拥，谁也不让谁，真是“水天黄赤界，江湖两分明”。再近，湖面上渔帆点点，渔歌阵阵，一些不知名的鸟儿相互追逐着，仿佛在喜庆鱼儿满舱。脚底处便是当年苏东坡乘船夜探石钟山的地方。侧耳细听，“水石相搏，声若洪钟”。循隧道而至崖底，可见到“上锐下广，中空而如钟”的山洞。钟之形与钟之声为石钟山的山名提供了较为充足的理由，这里山依水，水环山，江入湖，湖纳山，构成了一幅极妙的风景画。

听着这样生动形象的讲述，师生仿佛都进入了石钟山。生动形象的风格要求我们善于调动各种语言艺术化的手段来增强表达效果，或形容，或描摹，或铺排，或点缀。语言要充满活力，充满灵气，给人以鲜灵活泼的美感。教师还需要更多地吸收文学语言的方法和技巧，具有较高的文学修养。

六、严谨周密

教师要讲求语句的斟酌，以尽可能少的语言表达尽可能多的意思，并做到严谨周密，略无疏漏。表达中极少形容铺排，力戒冗词赘语。有时也用一些诸如省略或者短小的排比、精警的比喻等修辞手法。严谨周密的风格为古今教育家所提倡，《学记》中所谓的“约而达，微而臧，罕譬而喻”，实际上指的就是这样一种语言风格。叶圣陶先生也力倡教师的语言要周密。严谨周密的语言风格往往衔接得天衣无缝。

〔**案例**〕同学们，我们一起来唱《娃哈哈》这首歌好不好？（师生一起拍手唱："我们的祖国是花园……"）我们的祖国，确实是一个美丽的花园。它有雄伟的崇山峻岭，有奔腾的黄河长江，有珍贵的文物古迹，有秀丽的园林风光。今天，我们就来学习一篇介绍苏州园林的说明文。（导入语）

那苏州园林的景致是怎样形成的呢？（衔接语）

老师手里拿的是第六自然段的一幅教学图片，现在我来解说，请大家边看图、边用心体会，看你能否进入苏州园林美好的境界中。苏州园林其实不大，那么景致的层次是怎样形成的呢？这是因为：园里的长廊大多是两边无所依傍的，墙上有砖砌的各式镂空图案，实际是隔而不隔，界而未界，增加了景致的深度。有的园林在适当的位置上还装上了一面大镜子，几乎把整个园林翻了一番，形成了景中套景、画中有画的艺术境界，使人确实感到园林美如画，我在画中游这样美好的景致，作者是怎样展示给我们的呢？（衔接语）

作者抓住苏州园林的共同特征——务必使游览者无论站在哪个点上，眼前都是一幅完美的图画。先总写，后分写，写了四个讲究，三个注意。亭台轩榭的布局自然成趣，假山池沼的配合巧夺天工，花草树木的映衬着诗情画意，近景远景的层次幽深清晰。每个角落巧作点缀，具有图画美，每扇门窗玲珑剔透，具有图案美，每根梁柱设色淡雅，具有协调美。看！苏州园林里到处都呈现出一种自然美、和谐美，因而使人觉得如在画中。作者就是这样，由总说到分说，由概括到具体，由主要到次要，从以上七个方面说明苏州园林处处如画的特征。热情赞颂祖国秀丽的园林风光和劳动人民的艺术创造。（阐释语）

当然，我们伟大的祖国幅员辽阔，还有许许多多悠久的历史文物和优美的自然风景。同学们，爱我们的祖国吧！为我们中华努力学习！愿我们的祖国更加美丽！（小结语）

上例是一位语文教师讲授《苏州园林》一文所运用的语言，这些语言是相互联系、相互作用的有机整体，显示了该教师语言的层级性、严密性。首先，以唱歌的形式引出“我们的祖国是花园”，并且运用四个句式相同、意义并联的排比句，强调“花园”里有“崇山峻岭”、“黄河长江”、“文物古迹”、“园林风光”，为欣赏“苏州园林”的美景铺垫蓄势。然后，运用一个问句，自然过渡到正文的分析阐释。具体分析文章的主体部分后得出苏州园林的共同特征：景中套景，画中有画，真是“园林美如画，我在画中游”。接着，承接“园林美如画”一句，巧妙地过渡到作者如何展示如画的美景上：运用结构相同的一个排比句，描述了“亭台轩榭”、“假山池沼”、“花草树林”、“近景远景”，从“布局”、“配合”、“映衬”、“层次”四个方面为我们展示了“苏州园林”结构布局的自然、画意；运用长短交错，形式相同的排比句，展示了“每个角落”的图画美，“每扇门窗”的图案美，“每根梁柱”的协调美。然后，运用“苏州园林里到处都呈现出一种自然美、和谐美，因而使人觉得如在画中”一句，照应了“园林美如画，我在画中游”。首尾一致，内在联系井然有序。

最后的小结语卒章显志，说明“苏州园林”只是祖国花园的一朵奇葩，“我们伟大的祖国幅员辽阔，还有许许多多悠久的历史文物和优美的自然风景”，“爱我们的祖国吧”，“愿我们的祖国更加美丽”照应开头，语义贯通。同时渗入思想教育，起到了潜移默化的作用。各环节之间的衔接天衣无缝，各层次之间的起承严谨周密，显示了教师严谨缜密的语言风格。

第二节　话要说到学生心里

苏联教育家苏霍姆林斯基说："真诚的关切，这是和谐发展的一般基础，在这个基础上的各个品质都会获得真正的意义。"他强调的是教师与学生交往中，说话要真诚，要"以心换心"，这样才能达到成功教育的目的。

一、用心交流

〔**案例**〕学生小刚从不爱惜书本，乱涂乱画，书面整个儿是"脏乱差"。再看看书角，千层卷万层毛，活像一个小"非洲茅屋"。怎么办呢？教师惋惜地帮他抹平书角，小刚默默看着，似乎也很惋惜。他或许会改，可他能够保持多久呢？半学期，一个月，还是一个星期？教师看到自己的教学书平平整整，有了主意。

教师对小刚说："我有个提议，咱们俩换书用，期末换回来，好不好？"小刚将信将疑。"不过，你要爱惜我的书。当然，我也会很爱惜你的书。你能不能保证，期末还我一本漂亮的书？"小刚开心地笑了，向教师点点头。

后来的日子里，教师只偶尔说过小刚一两次，而小刚手里的那本书确实保存完好。当教师与小刚交换书本的时候，小刚露出的是骄傲的神色、灿烂的笑容。教师把那本书赠送给了他，还在上面签名，并和他相约，下学期发新书的时候还换！

这位教师的工作是从学生的"心"开始的，而且在与其交流的过程中也始终是用"心"为之，而不是说空话。他平等真诚地对待他的学生，与其交朋友，使这位学生改掉了一个坏习惯。所以只有在真诚理解的前提下进行交流，才会事半功倍。

说话的魅力并不在于你说得多么流畅，滔滔不绝，而在于你是否善于表达真诚。最能推销产品的人并不一定是口若悬河的人，而是善于表达真诚的人。当你用得体的话语表达出真诚时，你就赢得了对方的信任，建立起人际之间的信赖关系，对方也就可能由信赖你这个人而喜欢你说的话，进而喜欢你的产品了。

不仅推销员讲话如此，教师日常说话也是同样道理。讲得最顺畅的演讲不一定就是好的演讲，这种演讲虽然流畅优美，但是如果缺少诚意，那就失去了吸引力，如同一束没有生命力的绢花，很美丽但毫不鲜活动人，缺少魅力。因此，把自己的真诚注入日常交流之中，把自己的心意传递给对方，当听者感受到你的诚意时，他才会打开心门，接收你讲的内容，彼此之间才能实现沟通和共鸣。

二、循循善诱

特级教师于漪是上海市中学的语文教师，长期的教学实践和刻苦的钻研探索，使她积累了丰富的教学经验，取得了惊人的教学效果。于漪教学的一个最大特点就是循循善诱。正是因为这一点，才最有效地唤起了学生的兴趣，激发了学生求知的欲望，使她的课堂自始至终充满神奇的魅力。

〔**案例**〕于漪：今天学习第十一课《记一辆纺车》。昨天请同学们预习了，说说看，你们喜欢这篇文章吗？

学生：（异口同声）我们不——喜——欢。（随堂听课的二十几位同志很惊讶）

于漪：（感到意外，稍停，笑着说）不喜欢？那就请你们说说不喜欢的原因吧！谁先说？

学生1：文体不明确，从题目看应该是记叙文，但里面有不少说明的文字，一会儿这，一会儿那，弄不清楚。

于漪：还有别的原因吗？

学生2：我看是散文。

学生3：散文有文采，吸引人。这篇文章干巴巴的，没有文采，不喜欢。

（有些同学点头表示同意。）

学生4：是不是散文？老师，你喜欢不喜欢？（同学笑）

于漪：（笑）还有别的意见吗？（扫视教室，稍停）没有了。同学们敢于大胆地直率地发表意见，很好，这种风气要坚持、发扬。这篇文章是散文，与过去学过的散文既有相同之处，又有不同之处。过去我们学过的《荔枝蜜》、《茶花赋》是抒情散文，托物言志，借景抒情。这一篇是回忆性的叙事散文，大家没有接触过，一下子看不出其中的奥妙，所以会不喜欢。叙事散文有叙事散文的特点，这篇散文托物言志见精神，好些段落写得别有意味，推敲推敲，你们就会喜欢了。

（学生全神贯注地听）

于漪：文章扣住"纺车"来写。纺车，对今天生活在大城市的我们来说，十分陌生。它是什么样子呢？请同学们看图。（出示绘制的纺车图画）这张纺车的画从"周总理纺线"的画片中仿制而来。纺车结构简单（指图说明），这是车架，这是轮子，这是锭子……

学生5：车架上少画了一个螺丝。（大家注视）

于漪：（看图）对，你看得很仔细。就是这种普通的、结构简单的纺车，在革命战争年代，做出了多么大的贡献啊！请同学们自由朗读文章的第一节，思考回答：作者对他使用的一辆纺车充满了怎样的感情？这种感情又是怎样来表达的呢？

学生：（自由朗读）

于漪：谁来回答？

学生6：作者对使用的纺车充满了怀念的感情，这种感情是用打比方的手法来表达的。

于漪：理解得对。作者对用过的纺车充满了深情的怀念，像怀念朝夕相处的旅伴，像怀念并肩战斗的战友。三个“想”，充分表现了车留心系，一往情深。作者用了一唱三叹的方法，叩击读者的心扉。

通过上面这段教学实录，我们知道，这堂课一开始就矛盾突起，老师本以为学生会喜欢这篇文章，而学生却异口同声地回答不喜欢。事情出人意料，怎么办？于漪老师不避锋芒，因势利导。她首先激发学生说出不喜欢的原因，使学生畅所欲言，自己则从中了解学生的情况以便更好地对症下药。接下来，她对学生的大胆发言热情地给予肯定，并大力提倡这种善于思考、勇于发表意见的良好学风，极大地保护了学生的积极性，增进了师生之间的感情交流。

随后，她话题一转，归入正题，通过回忆、联想和比较，向学生指出这一课文采用了新的体式，以前接触不多，一下看不出来其中的奥妙，但只要仔细推敲，就会觉出美不胜收。她这样讲，承上启下，抓住了学生的注意力。为使学生能尽快钻进课文，她又用形象教学法来过渡。她引导学生看纺车图，通过分析点明题意，并向学生提出问题，以激起学生求知的欲望，引起他们认真阅读课文的兴趣。果然，学生在她循循善诱地启发下，很快就领会了课文的主旨，课堂成了语言艺术的王国。

有人说，听于漪的课，知识就像涓涓的溪水，伴随着美妙的音律，流入心田。于漪的诱导是渐进的、新奇的和科学的，我们从中不难看出她那经过千锤百炼的驾驭课堂语言的能力。她的成功启示我们，面对学生提出的千奇百怪的问题，只有认真思索，随机应变，因势利导，循循善诱，才能达到理想的境界，取得良好的教学效果。

三、以理服人

俗话说：有理走遍天下，无理寸步难行。可见“理”的重要性。在师生交流的过程中，教师也要充分发挥“理”的作用，把话说到“理”上，以理服人。

〔**案例**〕有一位班主任接手新班级后的第一堂班会课是这样上的：他走进教室，将手中一张八开的白纸扬了扬，转身用透明胶将它固定在黑板上，学生门好奇地看着，猜测着——这个新班主任要干什么？

他先简单地作了自我介绍，然后对学生们说：“现在你们已经知道我是谁了，但是我还不认识你们，请你们用你们手中的笔——钢笔或者彩笔，甚至毛笔，在这张白纸上写下你们的名字，无论用什么字体，只要让我知道你的名字就行，下面请按组的顺序一个个来。”

班主任始终微笑着，不作任何提示。还未写到一半，出现问题了：白纸要往下掉，这个问题很快得到了解决，几个学生飞快地用透明胶重新加以固定。但是八开的纸已经差不多写满了，后来的学生很难再找到空白的地方写下自己的名字，只好叠在其他名字上面。

有学生提议，再用一张白纸，班主任既未肯定，也未否定。有位学生将自己的名字分三处塞进了缝里，引得学生们一阵哄笑。最后实在没办法添加了，剩下的几个同学只好用粉笔将名字写在黑板上。等都坐好后，班主任示意安静，然后说：“同学们，很高兴认识你们，现在让我们来看这张白纸。”班主任说：“五颜六色，美丽极了，但是，是不是有些凌乱？再有，你们每一个人都写下了名字，可为什么现在许多人的名字反倒看不清了呢？在白纸上写下名字很容易，但是大家在写的时候，是否考虑到了其他的一些问题？”

同学们面面相觑，不知班主任的用意。班主任继续说到：“这张白纸就像我们的班集体，这一个个名字代表着我们每一个人；我们每一个人无论做什么，都要替别人想想。”班主任又指向白纸：“开始写的同学，想到为后面的同学留下空白了吗？显然，你们没有！大家知道，用通常的方式来写，这张白纸能写下几百个名字！但如果只用自己的方式，而不考虑整体，那这张白纸又能容纳几个名字呢？”

同学们似乎有些明白班主任的意思了。班主任继续说：“刚才有的同学提议再增加一张白纸，这是有道理的，但是否可行？很多时候，机会提供给我们的舞台能有多大呢？增添一张白纸太容易，但是适合我们生存、发展的空间是不能无限制地扩展的。我们必须学会在狭窄中创造空间，在拥挤中谋取机会！我们可以寻求独立，但独立从来脱离不了各种各样的联系：与他人的联系，与社会的联系，与环境的联系。一味要求独行，结果只会一片混乱！”

“可喜的是大家并未忘记协作，走上讲台时大家井然有序，白纸要往下掉时，几位同学冲上前来，加以补救。大家都想把自己的名字写在最显眼的位置上，但当没有空处时，没有人刻意将别人的名字涂掉，还有几位同学还委屈地将自己的名字写在白纸的外面……”

这时同学们会心地笑了，紧接着响起了热烈的掌声。好一会掌声才停止。班主任又问：“现在，谁能在这张纸上画一朵花出来？”没有一个学生站出来，他们也许在想写满字的纸怎么能再画出花来？

于是班主任把白纸揭了下来，铺在讲桌上，拿起一支彩笔，三下五除二画了一朵，再画了一朵。第一朵开在正面，第二朵开在反面。然后，高高举起："同学们，请看，刚才还凌乱不堪的纸面现在是不是焕然一新了？这花蕊、这花瓣将每个名字连在了一起，如此绚丽，如此精彩，我们每个人不都可以成为这朵鲜花的组成部分吗？只要齐心，只要我们努力，这朵花一定会常开不谢！"

"再看，"班主任调转纸面，"不要被眼前的混乱复杂迷惑了眼睛，机会是创造的，美丽也是创造的，在看似不可能中，我们也能有新的发现。很多的时候，我们需要调转思维的方向！当纸的正面写不下时，为什么没有人想到在纸的反面写？原来这张纸的容量是可以很大的！正如我们这个班集体，如果分散，只是一些零碎的名字，但是如果团结起来，它的力量将是惊人的！"

"同学们，从今天开始，我们就要过一种全新的生活，无论以前怎么样，关键是要把握现在。只要用心，我们就能拥有馨香芬芳，只要用心，就能创造平凡之中的奇迹，只要用心，就能收获人生道路上完美的风景！"

教室里掌声经久不息。

这个故事有点长，但却非常生动，发人深思。作为一个接手新班级的班主任，怎样获得学生的认同，融入这个集体并使这个集体具有凝聚力，在同学们中间树立威信，并将自己对学生的要求与期望恰当地表述出来，从而达到鼓励激发同学们的学习热情与参与班集体建设的热情，这可不是一件容易的事。

首先，这位班主任构思新颖，创设了那样一种让同学们介绍自己的新方式，说话讲究技巧，结合自身的优势，在与学生交流时说话高屋建瓴，入情入理。

其次，他开始与学生交流时，不摆"师长"架子，营造一种宽松、民主、平等、和谐的气氛，如：无论用什么样的笔，用什么样的字体，只要让他知道名字就行。在同学们遇一点点小问题时，既不作任何干涉，任何评价，也不给予学生任何提示，只是会心地微笑，任学生们自由发挥、自由表现。这既体现了班主任的自由、民主、平等的思想，又有利于学生展现自我，能够充分显露自己的优点、缺点，也便于老师后面的总结发挥，阐述自己的观点。他针对学生们的表现因势利导，循循善诱，而不是闭目塞听，以“师长”自居，把自己的观点强加在同学们的身上，话说在“理上”。

再次，他既指出学生的缺点，同时还肯定学生的优点，并就此引导他们向更高的方向发展。在指出错误时并不是“一箭穿心”，尖锐地批评，而是提出问题引发学生对自己行为的思考，在此基础上再举出具体事实，以事实服人，以理服人。并就此将自己对同学的要求与期望表达出来，使学生明白了在社会上在平时的生活中要为别人着想，要在有限的资源中充分发挥自己的才能，与同学要和睦相处，团结协作。

第三节　微笑是最美的语言

英国诗人雪莱说过：“微笑，实在是爱的象征，快乐的源泉，亲近别人的媒介。有了笑，人类的感情就沟通了。”当教师向学生微笑时，实际上就是以巧妙、含蓄的方式告诉他，老师喜欢他、尊重他，在关注和支持着他。这样，教师也就容易博得学生的尊重和喜爱，赢得学生的信任。微笑可以缩短教师与学生之间的距离，化解令人尴尬的僵局。微笑是沟通彼此心灵的渠道，它能使学生产生一种安全感、亲切感、愉快感。

一、教师微笑的意义

在教育教学过程中，教师的微笑具有特殊意义。一些教育家提出“用爱的微笑征服学生的心灵”。许多有经验的教师在与学生交往中，在课堂上常常面带微笑，这种温和的表情缩短了师生间的心理距离，使学生从心底感觉到教师的和蔼可亲，从而对教师的教诲产生浓厚的兴趣和渴望接受的迫切心情。也只有在这种情况下，教育教学才能获得最佳效果。

1. 创设和谐的课堂教学氛围，收到良好的教学效果

和谐的课堂教学气氛取决于教师的授课心境。课堂上，教师若能保持一种自然、真诚的微笑，那么这种微笑就会促使他的心境一直处于轻松愉快的状态，从而使大脑皮层细胞活跃。在这种心境下，教师不仅能使自己的知识储备出色地讲授出来，而且还会诱发出许多在备课时从未想到的新奇的灵感，形成一种妙语连珠、旁征博引、左右逢源的授课局面。

相反，如果教师课堂上板着脸，这种严肃冷漠的表情就会反作用于他的心态，使原来较为轻松愉快的心境变得沉重起来，进而这种消极的心境又会使大脑皮层细胞受到抑制，使许多先前储存在大脑中的信息难以提取出来。即使是事先准备好的内容，也会讲得干巴巴，甚至丢三落四，漏洞百出，其课堂教学效果可想而知。

和谐的课堂气氛还取决于学生的接受心境。教师亲切自然的微笑能使学生感到可亲可敬，进而产生一种心理安全感。这种心态下，学生不仅会专心致志地听课，而且还会迸发出创造性思维的火花。

2. 教师的微笑是一种友好和信任、沟通和理解

学校教育从根本上讲是一种师生交往过程，在这个过程中，教

师的笑容确实有多种功能。当教师和学生一起闲谈、游玩、打球时，教师的笑容会使学生倍感亲切愉快；当教师找学生谈话，如果在谈话前教师用含笑的眼睛注视学生，会使学生放弃戒备心理，造成一种融洽的气氛；如果教师和学生之间有过芥蒂，再见面时教师报以微笑，会在一定程度上消除师生间的隔阂；特别是当学生因犯了过失而忐忑不安、手足无措的时候，教师的笑容对学生是一种谅解和安慰。

教育沟通活动，从一定意义上说，依赖于师生间相互情绪的同步效应。有经验的懂得教育艺术的老师，常常用“微笑”产生的力量抹去学生心头自卑的阴影，促使他们产生奋发向上的勇气和力量。教师的脸是学生的另一本书，他们能敏锐地从这本活“书”上读到许多无须用语言或文字表达的东西。

3. 教师的微笑是一种鼓励和期待

教师的主导作用在于将学生的学习潜能开发出来，使之从无意识领域提升到有意识状态并转化为潜能，使好奇心转化为求知需要，并成为学生主体性发展的动力之源。教师对学生进行有效鼓励和建立期待正是引发诱导学生学习需要的催化剂。

学生做了一件有益的事情，教师报之以真诚的微笑，便是对学生的极大奖赏；当学生在课堂上因紧张、拘束而回答不出问题的时候，教师的微笑对学生既是一种鼓励，更是一种信任和期待。有位中学历史教师，他所教的那个班绝大多数学生属于差等生，大都有厌学情绪。他便采用微笑教学来融洽师生关系，特别是对那些失去信心的学生，采取微笑提问、微笑肯定、微笑批评、微笑启发、微笑辅导的“五微笑法”。一年下来，该班成绩提高很快，及格率达到85. 9%。这位教师取得的突出成绩，固然与其扎实的教学基本功有关，但更重要的是他深谙教学艺术的真谛——用微笑来建立对学生的鼓励和期待。

二、让微笑时刻挂在脸上

微笑是教师在教育教学中的重要体态语。她就像一缕缕晴空灿烂的阳光，一串串晶莹剔透的甘露。如果您希望做一个受学生欢迎的教师，第一要旨就是学会微笑。生活中，当您正忧心忡忡，当您正满腹怒气，迎面来了同事朋友或者铃声正催您进课堂，您会用怎样的表情面对学生？作为教师，我们一般会在其他成年人面前注重自己的表情，会懂得在适当的时候掩饰自己的情绪。可是，面对学生，很多教师就不在意了，喜怒哀乐都放在脸上，这恰恰是教师的一大禁忌。

有些老师一直信奉“严师出高徒”这一理论，因此总喜欢板着脸，以一副冷面孔面对学生。

〔**案例**〕有一位教师对学生非常严厉，上课时只要有一个学生讲话，就给予批评。因此，这位教师每次上课，教室里都很安静。时间一长，这个教师感到有点不对劲，觉得课堂上太沉闷了，死一般的沉寂。怎么回事呢？这名教师开始思索。

于是，第二天，这位教师带着微笑出现在课堂上，学生们的眼中都充满了猜疑。当这位教师微笑着鼓励每一名学生发言时，学生们感到十分惊异。课后学生们三五成群地聚在一起议论着什么。在以后的课堂上，他总是以亲切的笑容面对学生，给他们讲个小故事或小笑话，逗得他们开怀大笑。时间一长，学生开始愿意与老师交谈、沟通了，他们的脸上开始有了笑意，课堂上的气氛也渐渐地活跃起来。

〔**案例**〕有一位女数学教师，平时待人接物与常人无异，可是一到教室门口就板起脸来，并且马上进入紧张状态。仿佛学生一有风吹草动，她就会脾气大暴发。只要她出现在教室门口，学生立刻鸦雀无声，紧张得心“咚咚”直跳。她上课，学生一点动静都不敢出。有位同学说每逢上数学课就紧张不已，不敢正视老师的脸，听课时精力老是不能集中在老师的讲解上，结果数学成绩总是拖后腿。直到上高中后，换了一个和蔼可亲的数学老师，才慢慢走出了一学数学就紧张而且成绩“滞后”的怪圈。

社会在飞速发展，现代学生思维多变，这就要求我们教师变通观念，改进工作，提高师生沟通交流的艺术。但有一点是永恒的，那就是教师在学生中间，脸上应该经常带有微笑。那是充满热切期待的微笑，是表示肯定、赞许的微笑，是娓娓而谈时流露的真诚自然的微笑。

教师的微笑应当是真诚的、自然的，不能有半点矫饰，应该“情动于中而形于外”。只有热爱教育事业的人，处于学生之中才会有发自内心的微笑。那种勉强牵动面部肌肉做出来的微笑，会使学生觉得虚假。微笑能激发感情，愉悦身心，缓解矛盾。在任何场合、任何时间、任何地点，微笑都能如魔力般产生“神奇”的沟通效果。

三、多练习，学会微笑

教师的微笑可以表现出温馨、亲切的表情，能有效地缩短师生的距离，给学生留下美好的心理感受，从而形成融洽的交往氛围。微笑可以反映教师崇高的修养，待人的至诚。真正的微笑应发自内心，渗透着自己的情感，表里如一，毫无包装的微笑才有感染力，才能被视作沟通的“增效剂”。

1．练习微笑

微笑的基本方法：先要放松自己的面部肌肉，然后使自己的嘴角微微向上翘起，让嘴唇略呈弧形；然后，在不牵动鼻子、不发出笑声、不露出牙齿的前提下，轻轻一笑。教师可以长期有阶段地发“E”的音，让自己的嘴巴拉到最宽。平时放一面镜子在办公桌上，上课之前对着镜子练习三遍微笑。

微笑除了要注意口形之外，还需要注意与面部其他各部位的相互配合，尤其是眼神中的笑意，整体协调才会形成甜美的微笑。同时，教师应保持一种开朗、乐观向上的心态。相信没有一个学生会喜欢老师脸上那种勉强挤出来的苦笑，因此，我们的脸上时时充满的，应该是一种发自心底的微笑。

2. 不吝啬微笑

有时候，学生或是答对了一个问题，或是某次考试得了优，或是在比赛中表现不错，这时学生就非常希望老师能对他的行为有所肯定。这时一个赞许的微笑就能让学生从心底感受到被赏识的喜悦。在学生取得成功时，老师要学会用微笑送去欣赏；在学生感到失落时，老师要学会用微笑送去鼓励；在学生犯错时，老师要学会用微笑送去宽容。

学生喜欢老师的微笑，老师的微笑是一座桥，能沟通教师与学生的心灵之河；老师的微笑是一剂良药，可以医治学生心中的伤痛；老师的微笑是一种无形的催化剂，能增强学生的自尊心、自信心、上进心。再顽皮的学生，再喜欢挑错的学生，再怯懦的学生，再自卑的学生，都不会拒绝微笑。

微笑是一把闪闪发光的金钥匙，能开启教育成功的大门，帮助学生茁壮成长。微笑是春天里的一粒花籽，初开的时候似乎很小，但待到收获季节，你会惊讶地发现：付出不多的东西，也可以有如此大的丰收！

第五章　仪表增加魅力（上）

随着信息化社会的到来，作为交流者越来越关注自身的形象在他人心中的价值感，提升形象价值是现代人成功交流的必然选择。现代教育是由一种理念和规律制约下的活动过程，要适应这种过程，教师必须由表及里地体会作为教师的应为和不为。它制约着教师放弃自我的随意性和任意性，转而以职业道德为尺度来衡量自身的行为，在张扬个性和律己垂范之间加以平衡和调整。这就是教师职业的特殊性，是教师职业的专业化特征。

在传统的教育行为价值观中，人们始终把道德、智能、技法的追求作为教师修养的主要方面，这无疑是正确的。但如果忽视了教师的形象特别是外部形象的塑造，则不能认为其素养是全面的和完整的。教师的教育形象是由人们对于某行为规范和行为模式的角色期待和教师自身的角色实践构合而成的。学生在接受教育时，不仅会把教师的品行和知识作为学习的内容，还会同时把教师的仪表作为审美客体来欣赏。美的仪表增加了教师的魅力，对学生的精神有愉悦作用，从而调动了学生的学习热情。

第一节　教师仪表行为概述

教师的仪表行为是教师形象不可或缺的重要组成部分，是教师素养中表现内在素质、对内在素质作重要补充的另一半。教师每天都要接触学生，是学生最直接、最具影响力的模仿对象，包括仪表行为在内的教师形象是一种巨大的教育力量。现代学习理论和教学理论告诉我们，最有效的学习过程并不是“被告知”，而是更多的参与和体验。课堂的话语体系正在发生着深刻的变革，教师的角色也正在由“讲述人”转向“导师”。在这种变革之中，教师的作用不是减弱了，而是要求更高了。教师应当呈现出一种更加完整和更加全面的素质，从外部和内部树立良好的自我形象，以适应学生更加多样化的学习需求。

一、教师的仪表行为

教师仪表行为是指教师在其职业道德的支配下，自觉地修饰、调整仪表，以发挥其教育教学功效的活动。

教师是人类灵魂的工程师，其天职是教书育人。虽然现实生活中的教师的仪表行为因人而异，千姿百态，存在着不少差异，但从整体上讲，相应层次上的教师的文化素质、文明修养、知识结构，乃至思想意识、道德水准及价值观念等基本相似。因此，无论在衣着打扮、表情态度、身姿动作等方面，都以教书育人为共同的仪表行为特征。

一名合格的教师，必须具有较高的文化素养与功力深厚的专业知识积淀，职业的特点要求教师头脑敏锐、思维活跃，有灵活机智的思辨能力与分析问题处理问题的能力；同时，教师还要应付与处理课堂内外的学生行为，这就要求教师具有睿智的职业素质。

谦和、含蓄、热情、诚恳、待人彬彬有礼，是教师的自身素养的体现与美德。长期的教学生活使大多数教师形成了良好的道德风范与习惯。他们尊重知识、尊重他人、崇尚进取、不尚空谈。言谈举止特别注意谦虚谨慎、虚怀若谷、以诚相待。

职业的要求还使教师处处注意言传身教，以自己的实际行动影响、带动和教育学生，美化他们的心灵。仪态端庄、典雅大方，更是教师沉稳持重、气度优雅的体现与要求，也是一名教师良好的职业形象所必备的风范。因此，教师的仪表行为要求教师不仅要具备常人所具有的仪表行为，还要具有教师职业所特有的仪表行为习惯、道德品格，以及良好的为人师表的思想情操，呈现给受教育者一个完美的内在美外在美兼备的教师形象。

二、教师仪表行为的特点

1. 表率性

意大利哲学家布鲁诺曾说：“教师不仅是知识传授者，而且是模范。”教师的表率力量是无穷的。在学生人格形成过程中，教师是重要影响源，不管教师是否意识到，他的一言一行、一举一动，对学生的影响都在悄悄地发生着。

教师的表率作用体现在许多方面，其中教师的仪表行为，往往成为学生模仿、学习的典范。中小学生由于受年龄与社会阅历的限制，心理、生理条件还不够成熟，因而善于模仿。在学生眼里，最值得尊敬的莫过于教师，即使是教师的某些“下意识”动作，学生也会盲目模仿。至于教师在装束打扮、身姿体态等方面经常表现出的仪表行为，那更会引起学生的效仿，有的甚至会在学生心灵中储存终生。

因此，教师的仪表行为应该朴实整洁而不呆板，稳重端庄而不矫饰，活泼开朗而不轻浮，热情大方而不做作，善良和蔼而不怯懦，谦逊文雅而不庸俗。集这些优良仪表于教师一身，就会对学生产生巨大的教育影响。

2. 辅助性

教师的教学活动不仅仅依靠语言传授这一渠道来进行，它需要教师调动各方面的积极因素来配合教学、辅助教学。教师的一举一动，表情神态以及某些具体的体态，都可以造成某种课堂气氛，帮助学生更好地理解教学内容。

例如语文教师在解释“作揖”“拱手”“抱拳”“合十”等词时，常常是边做模拟动作边解说。这些词表示的动作十分相似又有不同，就词语本身的意义来说，用十句话讲解不如用一个动作演示。但这些词表示的动作和应用场合古今不同，不用话解说也不行。在这里，教师的动作辅助语言就显得十分必要。

另外，表现某种特定的情感时，教师可以用相应的仪表行为创设某种与之相协调的氛围，增强教学的感染力。比如教师的授课，当讲到兴奋处眉飞色舞、慷慨激昂；讲到愤怒之处满腔怒火、攥紧拳头。这一切，都会深深地感染学生，收到良好的教学效果。

3. 有意性

教师在教学活动中表现出来的眼神、手势、体态，甚至坐姿、站态、站立的位置等仪表行为，多数是有意性的，体现了教师在其职业特点指导下，在较长时期的教学实践中形成的有自身特色的仪表行为特征与习惯。这些习惯特点不仅直接反映并影响着教师的自我形象、气质风范，而且对教学效果也会产生一定程度的影响。

有经验的教师在备课时，不但在教学的内容、方法、步骤上事先都有所设计，而且还对授课过程中的主要姿态、动作、服饰等也要事先做出相应的考虑，甚至对课堂的气氛、与学生的情感如何沟通也要包括进去，做到心中有数。

〔案例〕著名特级教师斯霞在一次观摩课上，仅仅为了让孩子们形象地理解“格外鲜艳”一词，就精心设计了动人的演示：将一支事先准备好的红蝴蝶结从讲桌抽屉中拿出，与黑板作了映衬后，迈着轻盈的步子，走到沐浴着阳光的窗前，将红蝴蝶结戴在自己头上，然后笑盈盈地问学生：“现在，这红蝴蝶结的颜色怎样?”“格外鲜艳!”孩子们齐声回答。斯霞老师笑了，她收到了预期的效果。

三、教师仪表行为的功能

1. 信息交流与传递

教学活动中的师生双边活动，实际上是一种信息的相互交流。在这种信息交流过程中，教师仪表行为起到了不可替代的作用。特别是在口语、书面语不能表达、不易表达或表达不清的情况下，教师仪表行为则能畅通无阻地传递信息。

〔案例〕在讲课过程中，有个别学生精神溜号，不注意听讲，而教师又不想打断其他学生的思路，就对违犯纪律的同学以目光示意，暗示：“你的违纪行为我已发现了，要注意听讲!”在提问某学生时，发现他犹犹豫豫，想回答又怕说错，教师向他投去信任、鼓励的目光，暗示：“大胆些，老师相信你。”在学生回答问题的过程中，我们常见到教师点头或微笑，这表示教师的肯定和满意；如果教师直视学生，口微微张开，则可能表示学生的回答出乎教师的意外。在这里教师没有运用有声语言，却很好地传达了某种信息，既节约了教学时间，又保证了教学顺利进行。

更多的情况是教师仪表行为与教学语言相互配合，增强信息的传递效果。

〔案例〕《荷花淀》一文有一细节描写：“女人的手震动了一下，

想是叫苇眉子划破了手。她把一个手指放在嘴里吮了一下。”一位有经验的教师讲课时，为突出句中的两个重点词语，像演员一样，手指也“震动了一下”，然后放在嘴里“吮了一下”。这不仅使学生对“震”和“吮”这两个动词加深了理解，而且形象地了解了女主人公心情的震动和手指震动的关系，对细节描写的作用也有了更深刻的体会。

教师仪表行为传递信息是多方面的，既能传递有利于教学的信息，也能传递干扰教学的信息。如教师把课本一合，学生马上意识到老师不讲了；教师若不时地按腹部，学生会想：老师是不是身体不适？教师若把视线移向窗外，学生便会跟着去看：那儿发生了什么事？教师若一脸沮丧，学生会反复推测老师今天遇到了什么不愉快的事？由此可见，教师应格外注意自己的仪表行为，努力使自己的仪表行为服务于教学。

2. 情感表达与交流

教师职业是需要感情的职业，教师应该是最富有感情的。教师健步走上讲台，面带微笑，这是教师愉快自信的情感；在授课过程中随着教材内容的变化，教师或欢快、或激愤，或强力突出某一点，或轻松一笑化解了某一点，这是教材诱发出的情感；课堂上，教师可能因课堂的圆满而欣欣然，也可能因学生不听教导而生气，这是与学生交流中产生的情感。

教学过程实质上是一种情感交流过程。课堂上教师的一举一动都对学生有潜移默化的影响。教师态度安详、表情和蔼，学生就愿意接近，情感就容易交流。反之，教师态度生硬，动辄训斥，就会引起学生的反感，尽管学生不说出口，心里觉得别扭，容易导致教学上的失败。比如，在数学课堂上，一位同学做错了某道题，教师如果耐心细致地帮助同学分析做错的原因，并且鼓励他再做一遍，这样学生不仅对这部分知识印象更深刻，而且对教师心存感激之情。但是，如果教师立即训斥学生，学生这部分的知识还是不会做，而且可能产生自卑的心理或者对老师产生反感，不但不利于学生的学习，对师生关系也是非常不利的。

课堂上教师运用仪表行为表达情感的方式是多种多样的，除面部表情外，服饰、动作（包括手势、移动、距离等都能很好地起到表达情感的作用。正如美国心理学家、举止神态学专家布鲁克斯所说："教师对本学科的酷爱所表现出来的富于感染力的激情，在很大程度上要通过体态语言显示出来，专心致志、津津乐道的教师的体态总是微微向前倾，面部表情神采飞扬，语气强烈而富于激情。"实践证明，教师仪表行为表达情感的发挥，对融洽师生关系、缩短心理距离、增强教学效果都有积极的意义。

3．课堂控制与调节

教师仪表行为的控制调节功能主要表现在教学过程中的师生双边活动中。在课堂上，教师的行为有很强的导向性。例如：教师若把目光长时间地投向某个学生，其他同学也会转头看他；教师轻笑，学生便会大笑；教师若不扫视全堂，使每个举手要发言的学生感到教师看到我了，便会挫伤学生发言的积极性。有经验的教师总是恰当地运用自己的教态，调控整个课堂气氛。

有效地控制学生，维持好课堂秩序，是成功的教师必须做到的。教师在课堂上，要在准确、流畅、生动地表述讲授的内容的同时，还要抓住每一个同学的注意力，控制他的课堂纪律，这是不容易的。为了做到这一点，教师应设法同每个学生"建立联系"，使每个学生都感到教师在同他直接对话。这种联系可用视线来建立，教师用亲切、和蔼、锐利的目光主动地去捕捉学生的视线，有计划地不漏过每一个人，使学生感到教师是意识到自己的存在的，这样无形中起到了一种控制作用。

另外，教师还可以运用仪表行为知识，通过观察学生的面部表情、神态动作来了解教学效果，及时地调控教学内容和方法。如：发现大多数学生在听讲时皱眉头或摇头，证明没听清楚或没理解；如果学生注视教师面露微笑或轻轻点头，那就是听入神了，问题弄懂了。全国特级教师霍懋征深有体会地说：“讲课时你必须看住你的全部学生，看他的眼睛，这非常要紧。”一篇课文讲完后，霍老师通过看学生的眼睛，看学生举手的姿势，看学生的表情，就能知道学生对课文理解得怎么样。

第二节　教师的着装艺术

服装不仅具有御寒蔽体的基本功能，而且在社会交往中有着特殊而重要的意义。在交际过程中，服装不仅具有传递信息的作用，而且能够给人以美的享受。对服装的审美情趣，在一定程度上能表现一个人的精神风貌、知识修养等内在气质。作为知识分子阶层的当代教师，理应了解有关服装的常识，掌握着装的艺术，以塑造良好的自我形象，更好地完成教书育人的任务。

一、教师掌握着装艺术的重要性

1. 提升自我形象

俗话说，人靠衣装马靠鞍。教师作为大千世界中的一员，当然希望自己有一个完美的自我形象。随着物质生活和审美情趣的现代化，不少教师的衣着打扮具有较强的整体效果意识，颜色或漂亮大方，或柔和自然，款式既新颖别致而又不流于俗气。这种和谐的着装不仅给人以美好的印象，同时也使教师本人充满自信。充满自信的教师更容易在教学工作中充满激情，精力充沛，充分发挥独创精神。

现实生活中也有部分教师缺乏必要的着装常识与正确的审美观点，不能根据自己的体形、肤色等选择恰当的服装款式和颜色，满目追赶时髦，模仿别人，结果是弄巧成拙，适得其反。如有的体形偏胖，偏要用紧身健美裤把缺乏美感的线条勾勒凸现于众目睽睽之下；有的颈短肩宽，偏要让翻领、厚垫肩或大泡泡袖衬得脑袋如埋进胸腔……这些不和谐的着装严重地影响了教师自我形象的塑造，进而在某种程度上影响了教育教学工作。

怎样通过着装来塑造教师的自我形象呢？在这方面，鲁迅先生为我们做出了榜样。

〔**案例**〕当年，著名女作家萧红穿着宽袖的大红上衣到鲁迅先生家去。她看出鲁迅没有注意她的衣服，便问："周先生，我的衣裳漂亮不漂亮？"鲁迅打量一眼，说："不大漂亮。你的裙子配得颜色不对，并不是红上衣不好看，但红上衣要配红裙子或黑裙子，咖啡色的就不行了，这两种颜色放在一起很浑浊……"那天鲁迅先生很有兴致，他还告诉萧红："人瘦不要穿黑衣服，人胖不要穿白衣服；脚长的女人一定要穿黑鞋子，脚短的女人一定要穿白鞋子；方格子衣裳胖人不能穿，竖条的使人显得高，横条的使人显得宽。"萧红感到有些意外："周先生怎么也晓得女人穿衣裳的事呢？"鲁迅问答："看过书的，关于美学的。"

由此看来，教师要塑造好自我形象，使自己打扮得漂亮、得体，从根本上讲，还是要加强文化修养，掌握有关着装的美学观点，增强审美意识。

2. 塑造社会公众形象

当代社会，衣着给人以一种视觉印象，你是什么人，担任着什么样的职位，你的行为上的差异以及别人对你的看法上的差异很大程度上取决于你的衣着。假如你衣着随便，别人便会随便地对待你。假如你的衣着表明，我是学校的老师，希望你把我当作一位教师来对待，那么别人就会对你认真起来。

在美国，许多教师抱怨说美国社会里人们不把他们看作是教师，他们的抱怨是有道理的，因为实际情况正是如此，那么原因何在呢?原因可能是多种多样的，但是其中的一个原因便是许多教师看上去不像教师，有些教师上课时穿牛仔裤，圆领汗衫，普通便鞋，有些人看上去甚至还要随意。

在美国这样一个强烈追求个性意识的国度里，着装对教师的社会地位及公众形象都如此重要，在我们这样一个具有几千年文明史的泱泱大国中，教师的着装与其社会公众形象的关系便可想而知。因此，新时期的教师应该自尊、自爱，在加强自身思想道德、专业知识修养的同时，注重个人衣着、仪容的修饰，以崭新的形象展现于世人面前。

3. 加强在学生心目中的形象

教育心理学研究表明，教师的仪表对学生的心理有一定的影响，特别是对幼儿园、小学、中学学生影响较大。教师衣着不整，反映精神面貌不佳，奇装异服也有损严肃端庄，都不利于教育工作。只有仪表大方，衣着整洁得体，才能获得学生的好感。因此，教师在着装方面给学生印象的好坏与否，是影响教师能否在学生中获得威信的重要因素之一。

着装对教师在学生心目中的形象与种种因素有关。就学生来讲，随着年级的增高，审美意识的增强，他们对教师的着装要求会逐渐提高。李昌玉老师曾谈到高中学生对教师仪表的看法，他说："通过多年来我和学生的接触，常常知道学生对教师的衣饰、仪表观察得不尽其细，评头论足，吹毛求疵，是他们经常的热闹话题。先从反面说，他们不喜欢哪些教师呢？对于衣着打扮守旧落后、邋邋遢遢、不修边幅的教师他们不喜欢；对于花哨超前、浓妆艳抹的教师也很反感。他们喜欢打扮得庄重、漂亮而有时代感的教师。对女教师如此，对男教师也如此。我想，学生的这些看法是值得我们做教师的重视的。"

对于学生已熟悉的教师，其在学生心目中的形象很少受到着装的影响；而对新教师（包括初为人师者和新调到一所学校的教师）来说，他在学生心目中的形象则较多地受到着装的影响。这是因为同普通人一样，学生也存在"先入为主"、"衣帽取人"的认识偏差。当然，学生心目中的教师形象，是教师的思想品质、精神面貌、气质、文化修养等内在因素与仪表风度的外在因素融合而成的一种整体效果，但对初涉教坛的新教师而言，自己的着装决不可等闲视之。

二、教师着装的要求

教师作为普通的社会成员，在着装上当然与一般人有相通之处。但是，教师作为特殊的社会角色，其着装又与一般社会成员有所不同。我们知道教师着装对其良好形象的建立具有重要意义，尤其是教师在学生心目中的形象，直接影响教育教学的效果。由此看来，教师的着装须有与其职业相称的特殊要求。

1．整洁大方

教师无论穿什么服装，都要经常加以护理和保养，以求得外观的完整和新颖。历史上的某些“天才人物”的不修边幅，如古希腊与狗为伍的犬儒学派，中国魏晋时期以捉虱逗乐的隐士，以及史书上记载的波希米亚人式的放浪形骸的艺术家，毕竟不是一般人所能效仿的。即使是这些人，其肮脏邋遢之处，也是让人不快的。尤其对未成年的中小学生而言，他们是不会喜欢如此教师形象的。

现在仍有少数教师不注意个人仪表衣服的清洁卫生，经常是衣服脏兮兮的，领子里一半外一半，裤脚高一只低一只，外衣不扣纽扣，衬衣打个结，拖着拖鞋不修边幅地走进教室，给学生的第一印象就很差。这是不符合教师职业道德要求的，应当自觉地加以纠正。

马卡连柯说：“无论对教师或是对教育机关中的其他成员，都必须要求衣服整洁、头发和胡须都要弄得像样，鞋袜洁净，双手清洁，修好指甲和经常备有手帕。”他认为：“从口袋里掏出皱皱的脏手帕的教师，已经失去了出教师的资格了。”因此，任何一名教师都要认识到，讲究个人衣着的整洁卫生，不仅仅是教师道德修养的表现，更重要的是教育好学生的需要。

教师的着装要给人以美感，既不奇特古怪、艳丽花哨，又优美不俗。教师的衣着打扮，并不一定要流行时髦的服装，也不一定要求本人有漂亮的身材，关键在于他的仪表打扮要适合身份，适合教师职业特点规范下的仪表。尽管适宜的身材、流行的服装对教师形象也起相当重要的作用，但这并不能代表教师审美的全部。只要他在教书育人的实践中，衣着整洁得体、落落大方，照样能够透露出一股朴实的美、整洁和谐的美、情趣高雅的美。

教师的装扮要抓住美的真正内涵，抓往自己基本的职业要求。美是各种各样的，美有多方面多种体现。只要教师的学识渊博、兴趣高雅，即使是平凡的服饰，美也会从平凡的装束中流露出来，使受教育者产生一种充实感、信任感与崇高感。如果一个教师弃其育人宗旨于不顾，或衣冠稀里糊涂，或一味追求时髦，缺乏基本的职业涵养，不仅有损于教师的形象，不能很好地发挥其教书育人的作用，还会分散学生的注意力，甚至还会把学生导入歧途。

教师着装要想达到整洁卫生、美观大方、朴素典雅这一总体要求，也须具备基本的服装学常识。一般说来，教师着装的颜色以中性色彩、冷色为主。如选用暖色则应以中、冷色相衬托。教师服装的面料以混纺为好，显得质地好、挺拔、有光泽感，而且易洗易干。如选用纯毛料，则易被粉笔末染污。男教师着装要正规，如单排扣西装，选用浅条纹或八字纹面料，配领带、马甲等。为了避免过于格式化，衣袋、纽扣可有些变化。女教师的服装可偏向时装，颜色和样式可稍花哨，可着套装。

2. 从自身条件出发

教师的着装要从自身条件出发，综合考虑自己的体形、肤色、年龄、家庭经济状况等多种因素，穿出自己的风格和个性。

美国的巴尔教授说：“服装是人们形体美的自我表现。”依此看来，教师着装首先要做到合身得体。要做到这一点，首先要对自己的体形、身材有一个较准确的估计。另外还必须消除顽固的从众心理。高腰衫、宽松裤、茄克衫、毛料西服、时装套裙、名牌旅游鞋和平底时装鞋都曾为一时风尚，但身长腿短者和肩窄臀大者穿上高腰衫和宽松裤，其效果将是目不忍睹，更不用说旅游鞋配西服，平底鞋套在粗壮的脚掌上，套裙挂在又矮又胖的身上之类的搭配了。

随着社会的发展，人们着装的心态也随之发生变化，穿戴上的年龄界限将逐渐被打破。但是，作为教师，在今后一个时期内，选择服装仍需考虑自己的年龄特点。青年教师朝气蓬勃，充满活力，易于接受新事物，富于想象力和开拓精神，服饰选择上宜以活泼明快为主，可以与流行色泽款式适当地靠近一些，要避免在色泽款式上的老气横秋，显得毫无生气与活力，也要避免给学生以沉闷感、压抑感；年长的教师德高望重，沉稳通达，衣着上应以严肃端庄为主，但也不一定非要拘泥于一端，可以根据情况，适当选择一些既稳重大方，色泽款式又比较清新的服饰，这样，既显得充满成熟的魅力，又显得焕发了青春活力。

由于各自家庭成员的职业多样化等原因，教师的经济状况各有不同。因此，教师在着装上也应“量入为出”。服装专家经过分析，将消费者的心理归纳为十类。

①实用型：此类消费者朴素实惠，对款式或色彩不太注意，对工艺质量要求较高，对面料要求结实坚固。

②经济型：喜欢廉价服装，对服装潮流漠不关心。

③潮流型：自己没有主见，十分注重周围人的衣着，关心流行式样，追随时装潮流。

④自我型：追求华丽服饰，着重表现自身美。

⑤高档型：对时装面料十分注重，并不在乎价格，讲究名牌，色彩要求高雅。

⑥时髦型：穿着时装比时装流行潮流快，堪称流行时装的先驱。

⑦先锋型：与众不同，穿着大胆、新奇，敢于穿别人不敢穿的服装，比时髦传播还要快一个节拍，其穿着常常有惊人之举。

⑧保守型：穿惯了传统服装，民族观念浓重，特别是中、老年人。

⑨清高型：从不赶潮流，重端庄优雅而鄙视花巧炫耀，偏爱简洁高雅的时装。

⑩理智型：能巧妙地将服装的美观性、实用性、经济性统一起来。选择的服装往往既合潮流，也不落俗套，价格适中，穿着大方，

能合理地自我调节。

统观上述十种着装心理，作为工薪阶层的教师最好应为“理智型”。

3. 与社会环境协调

一定的社会环境，一定的服饰潮流，不可避免地要影响到教师。教师的着装应给人以时代感，不断地接受、选择美的服饰，纳入时代大潮，而不可一味古板地拘泥于自己的天地之中，与世隔绝。

教师的着装要做到与社会环境协调，还应注意使自己的服饰随着群体文化意识的变化而变化。就教师的教学环境而言，有的在城市，有的在农村，有的在少数民族聚居区……这就要求教师的着装应该“入乡随俗”，以能被群体所接受为宜。

〔**案例**〕一位大学刚毕业分到农村中学去任教的青年女教师，由于不能入乡随俗，过分注重梳妆打扮，服饰艳丽夺目，频繁更换，使师生眼花缭乱，议论纷纷，导致课堂纪律和教学效果很差。当地的老百姓也很看不惯，请求把这位“洋”教师调走，以免教坏了他们的孩子。

由此看来，教师要善于理解群体文化意识，审时度势，做恰当的修饰。

教师着装还要与校园环境协调。学校的环境是整洁、严肃、活泼向上的。教师的衣着在整洁得体的基本要求下，也要随着具体的校园环境的变化而变化。课堂教学时的衣着应该整洁而高雅，劳动、游乐时的着装则应简便、轻盈。同样是课堂教学，不同学科的教师在着装上也应有差别。体育教师上课不可能西装革履，理化教师的实验课也需考虑便捷利落。即使是语文教师，教《一月的哀思》这样基调悲痛的课文，不宜穿得花花绿绿，而应以冷色调的服装与教学气氛相一致；而教《春》这样基调欢乐明快的课文，则可选式样新颖、色彩明丽的服装，使之与教学内容相和谐。

教师的着装还要考虑学生的年龄、性格、知识、能力等因素。幼儿园或小学低年级教师，要针对孩子们天真烂漫、活泼好动的特点，选择一些色泽鲜艳、明快的服饰，给他们以美的熏陶。而面对小学高年级或中学生，教师的服装应朴素而典雅，以培养他们成熟的衣着行为，间接使他们受到思想情操方面的陶冶与启迪。

总之，教师衣着整洁得体，仪表朴素大方，既能充分体现教师职业的特点和健康的审美情趣，又能反映教师热爱生活的精神风貌。教师着装对学生的心理、审美、行为有着较大的影响。所以，我们每一位教师都要按照教师职业的特点，注重个人衣着、仪容的修饰，给学生以美的熏陶和感染，以利于教育教学效果的提高。

第三节　教师的容貌修饰

人们平时所说的“外表美”，主要指的就是形体和容貌的美。长期以来，由于传统观念的束缚，教师的容貌修饰一直是避之不及的话题，甚至到了谈“妆”色变的程度。其实，讲求容貌的美，是一种社会文明进步的标志。教师作为人类文明的传播者，其形象理应是美的。追求外表美，既是教师对人性价值的自我肯定，也是对受教育者和其他社会成员的尊重。

容貌修饰是一门综合性的生活艺术。从整体要求来说，它包括面部的化妆、发型的设计以及与服饰的有机配合。就面部化妆而言，要使脸形、五官之美与风采神韵之美巧妙地融合为一体，并使之表达出特定的风情和艺术特色，则需要一定的审美水平和精细技巧。因此，教师应该掌握一定的容貌修饰“策略”，做到“浓妆淡抹总相宜”。

一、教师体貌对学生的影响

清丽俊美的容貌有助于增加教师的吸引力，赢得学生的喜爱。研究表明，教师体貌的这种影响力会因学生年龄不同而有所差异。幼儿和小学低年级学生，由于视觉本能上的反应，他们对体貌美的教师表现出强烈的喜欢，尤其是那些春风满面、和蔼活泼的教师更加受到他们的青睐。学生愿意亲近这些教师，并乐意接受这些教师的教导。

随着年龄的增长，小学高年级和初中学生不仅喜爱体貌美的教师，而且经常对这些教师的某些体貌行为加以模仿。由于这个阶段的学生已具有初步的审美能力，他们开始对教师的体貌评头论足。与幼儿和小学低年级学生相比，他们所喜欢的教师体貌中，端庄秀雅的成分逐渐增加。

高中阶段的学生，由于审美个性的日臻完善，他们不仅喜欢体貌美的教师，并且常对教师的体貌进行挑剔，甚至开始以貌取人。

大学生的世界观已基本形成，并且个性意识增强，教师的体貌对他们的影响不大，他们更注意教师的内在修养。正因如此，我们常在大学校园内看到教授们冷峻的面孔。他们中不少人不拘小节，有的甚至其体貌行为让人忍俊不禁。但是，大学教授也应注意自己的体貌，否则，就不会给自己的学生留下美好的记忆。

总之，一个人的体貌会对他人的心理产生重大影响，教师的体貌则会更直接更深刻地影响学生的发展。因此，教师（尤其是中小学、幼儿教师）应该树立高尚的为人师表意识，确立科学的体貌观念，以光彩照人的形象给学生以熏陶和感染，使学生从中受到教益和启迪。

二、教师化妆的要求

美是需要修饰的，由于职业的特殊性，教师的化妆应该符合怎样的“度”，这一点恐怕无人作确切的规定，但是应该遵循以下几个原则。

1. 谨慎认真

这是从态度上对教师化妆提出的要求。教师为人师表，化妆不可片面追求个性，要将个人与社会的审美观融为一体。既不能简单地把化妆看作自己的私事，也不能邯郸学步、东施效颦。生活中，有的教师缺乏化妆技巧，造成或施之过浓、过艳，或妆后痕迹明显，这不仅给人以轻浮之感，而且还可能成为学生的分心刺激，与教师的形象极不相称。因此，教师对化妆应认真对待，决不可草率从事。要达到这一要求，教师还应注意化妆卫生。如：沐浴后立即卸妆，不带妆入睡，以免影响皮肤的生理机能；不使用伪劣或过期的化妆品，因为化妆品直接作用于人体，优者可受益至少无害，劣者则伤害身体。

2. 自然淡雅

自然淡雅是中国传统化妆所崇尚的，更是教师化妆的总体要求。自然淡雅并非单纯指施粉黛时应有所顾忌，而是指那种经过实践所能达到的理想境界。在我国，人们习惯上把化妆技巧分为三种境界，并用三句诗形象地加以概括描述。

“妆罢低声问夫婿，画眉深浅入时无？”是初学打扮阶段，这时不要机械地照本宣科，要根据自己的实际灵活地设计，最好是化妆后请自己的亲人或朋友欣赏评判，并根据他们的意见进行修正。“浓妆淡抹总相宜”这是指化妆的技法较为娴熟，到了能打扮、会打扮的阶段，这时无论是浓妆艳抹，还是轻描淡写，都是你自己，是一个美化了的自己。“清水出芙蓉，天然去雕饰”是化妆的最高境界，这时对化妆已经能够创造性地发挥了，不再拘泥于固有的模式，可以随心所欲地装扮自己，使化妆美与人体美完美地结合起来。这样的化妆效果不仅使人看不出人工雕琢的痕迹，还能给人以清新、自然、高雅的印象。

教师的化妆一般也会历经上述三个阶段，但追求的乃是“清水出芙蓉，天然去雕饰”的理想境界。当然，达成这种境界并非易事，这就要求教师具备一定的美容化妆常识，并能通过实践掌握娴熟的化妆技巧，做到色彩适度、明暗均匀、线条流畅。

3. 协调和谐

这是对教师化妆的具体要求，即化妆时要综合考虑各种因素，以收到最佳的化妆效果，达到理想的境界。

教师的化妆要与自身的生理条件协调一致。由于每个人的皮肤、脸形、眼睛、口鼻等都有一定差异，所以化妆时应注意整体的美容效果。无论是面部皮肤，还是五官的化妆，都要与整体的形象美统一起来，使之协调一致，力求反映出自己独特的气质与风度。

化妆要与年龄相协调。生活中，少女的美在于青春，青年的美在于活力，中年的美在于品位，老年的美在于丰韵。不同年龄的女性各有优势，选择错位，就会丧失美感。

化妆要与季节相协调。在春光明媚的季节，面部化妆以粉红色系列为宜。夏天化妆要注意化妆品的透气性、耐水性，底色无须十分细腻，应强调自然光泽的表现。秋天是丰收的季节，化妆时可适当夸张色彩。冬季气候寒冷，空气干燥，化妆应注意与服饰配合，并注意肌肤的保养。

化妆还应考虑教学对象。幼儿和低年级教师的妆可稍浓艳，以适应幼儿感官色彩要求，增加师生间的活泼、亲切氛围。小学高年级和中学教师，除任教艺术类学科的教师适当灵活外，一定要注意化妆的自然高雅。另外，带领学生做户外活动（体育课、郊游等）的教师，一定要注意化淡妆。

三、教师发型的设计

发型设计是教师容貌修饰的重要内容之一。理想的发型，能很好地承现一个人的精神面貌，不仅可以弥补脸形的不足，还可以巧妙地表现出人的个性气质，增添人的美感，成为他人的审美对象。教师为人师表，其容貌修饰会对学生产生潜移默化的影响，因此，其发型的选择不容忽视。

1. 女教师的发型

对于头发的爱与美，女性远远胜过男性。因而，女性发型的式样千姿百态、变化无穷。面对五彩缤纷的发型世界，女教师应如何选择自己的发型？女教师的发型原则上应该稳重、端庄、自然、清新，特别是应依据自己的气质、性格、脸形、体态等因素科学地设计，以适应教育教学的特殊要求。

(1) 发型与脸形

从美容的角度来看，发型与脸形的关系最为密切。因此，女教师在设计发型时，应特别注意使自己的发型与脸形相协调。

瓜子脸是女性标准的脸形，各种发型都适宜，长发、短发可任意选择。为了避免破坏美好的面部轮廓，不要使头发紧贴着脸，也不要把发型做得太高或呈方形。较理想的是松软的发式，自然流畅，把完美的脸形表现出来。

圆脸的发型应顶部高两侧紧，使轮廓呈椭圆形。如果顶部低而呈弧形，两侧蓬松饱满，会使脸显得更圆。圆脸形一般适宜留刘海，因为露出额头会增加脸的长度。圆形脸不宜烫发，流畅的直线条效果会更理想。

方脸形的人发型应出高而圆润，两侧的头发要尽量紧凑服帖并略带弧形，以减少方脸的感觉。如果顶部低而平，两侧蓬松，则会使脸显得更方。所以，方脸应配长发，梳理成双花式的大波浪型，与脸部两侧波浪自然衔接，构成椭圆的轮廓，以修正方形脸的僵硬感。

长脸在做发型时，应以尽量使脸变宽为原则。为此，头顶上的头发不宜吹得太高，更不宜梳成高高的发髻。可梳成松散一些的发型，并尽量让头发向两侧分散，在面颊的中部使发型稍宽一些。另外，发线宜采用侧分法，额前留刘海等都可以使脸部轮廓丰盈些。

（2）发型与体形

人的体形有高矮胖瘦，脖颈有长有短，头形也或许有这样那样的缺陷。因而女教师在设计发型时应注意与自己的体形相和谐，以达到扬长避短的目的。

身材矮小者，应尽量不留披肩长发，蓬松、艳丽的发型也会给人以沉重之感。如果喜欢留长发，也要在顶部做一个发髻，并佩以精致的发饰或扎一个马尾。这种身材的人最好采用短发式或超短发型，将头发削得与脸廓贴合，看上去活泼轻巧，身材矮小重心低的感觉就会得到缓和。

身材高大者，如果选择超短发型，会显得身材高大而单薄，很不协调。应选一些线条优美的蓬松发式，如柔美的波浪型、齐肩的流线型、长长的马尾式、舒展的后掠式等，都适合颀长的身材，并给人一种潇洒自如、风度翩翩的美感。

脖子较长的人比较容易选择发型。一般来说，颈部长者，头发的长度以达脖颈中部为佳，不宜选择短而膨的发型，这样会使颈部暴露太多，给人以脖子更加细长的感觉。另外，用带花边的立领或真丝围巾及项链装饰也可弥补这种冷清感。

脖子太短的人不宜留长发，这样容易给人以脖子更短的感觉。较理想的是短发型，这样颈部暴露较多，能够弥补脖颈较短的缺点。如果喜欢长一点的发型，要尽量将头发向后掠，发尾向外翻，露出脖子，这样会显得脖子稍长些。

头形有缺陷者要注意变换发型来弥补修正。后枕部扁平的人，选择短、中发型要比长发好一些，在头顶和后脑勺之间稍隆起或梳成马尾式，以掩盖后枕部扁平的不足。偏头者，梳理时要有意识地把头发向偏平的一边集中。头形比例较大者不宜选择顶部蓬松高耸的发型，相反，头形比例过小者不宜将头发梳理得紧贴头部，这样可以改变头形和身材不协调的状况。

（3）发型与发质

直而硬的黑发，梳理成披肩长发，那乌黑、闪亮、厚重的悬垂美感是其他发质所不能比拟的。如果做成较短的发式，可将发梢稍向内卷，表现轻柔之感，身体活动时，发尾灵活摆动，在一定程度上减少了沉赘的感觉。这种发质如果要梳成细小卷曲的复杂发型较困难，即使烫卷定型，也很呆板。所以，这种发质只能用大号发卷梳理成略带波浪的发型，才显得蓬松自然。此外，由于这种头发很容易修剪整齐，所以设计发型时，可以特别在修剪上下工夫，做出简单而又能表现出高贵华丽的发型来。

柔软的头发总是贴在头部，缺乏丰盈感。所以，这种发质的人不宜留平直的发型，这会显得老成而没有生气。由于这种头发可塑性强，梳理比较方便，因此可剪成俏丽的短发，将刘海斜披在额前，横发后梳，使耳朵露在外面。

头发稀疏者千万不要选择长发型，这样会使人感觉头发更少。为了增加头发的量感可选择较蓬松的波浪型。吹风时，要尽量将发根竖起，使发型显出弹性而产生立体感。

（4）发型与年龄

年轻姑娘的发型应具有活泼跳跃感，并掌握这样三个特点：头发可长到肩或肩以下，这样流动性大，跳跃性强，可以体现少女的生动活泼；烫发部分要尽量少，烫三分之一或四分之一即可，以体现纯天然、朝气蓬勃的精神风貌；额前刘海可齐眉，以体现少女的含蓄。

青年女教师的发型应具有潇洒流动感，发型美的原则也有三条：发长可到肩或在颈中间，稍有流动感；烫发部位可比年轻姑娘稍多，烫二分之一、三分之二都可，从而获得自然的优美感；若采用全烫发的话，要把头发烫得松而泡，稍有流动的跳跃感，额前刘海不要齐眉。

中年女教师要注意发型的讲究，力求变化并新颖大方，既表现其个性风度，又富有时代气息，可根据自己的实际情况酌情选择新式发型。否则，容易过早地显出衰老，给人以精神不振的感觉。

老年女教师的发型应突出典雅、端庄，过长、过短的发型都不适宜。老年女教师最适合的发型是简单的中短发，看上去显得利索、精神，给人以思维敏捷、头脑清晰的感觉。

（5）发型与职业

女教师在选择发型时，一定要注意体现自己的职业特点。女教师的发型应根据自己所教学科而有所不同，如体育教师可选择动感强、短而优雅的发型，既显得活泼洒脱，又便于课上做示范动作；音乐、美术教师可选青春式发型，讲究发型的变化和新颖，以获得清新、秀雅的艺术美感。

2. 男教师的发型

男教师的发型没有女教师发型那么千变万化，但在选择时仍要考虑自己的脸形、身材、年龄等因素。一般说来，男教师的发型起码应符合整洁、明快、协调的要求。

整洁是指无论做什么发型，平时应注意梳理和清洗。有的男教师平时头发乱蓬蓬的，甚至尘土、头屑斑点可见，这与教师形象是极不相称的。因此，平时要注意清洗以及必要的吹风定型。但过多使用定发液或头油，致使“油光可鉴”，也是有损教师形象的。

明快是指男教师的发型设计无须太复杂，要注意线条自然，棱角分明，利于梳洗。并且做到不留遮耳长发，不选择怪异发型。

协调是指男教师在选择发型时，同样要综合考虑自身的生理条件，尤其应注意身材和年龄。如个高的男教师留一个尖尖的小平头会给人以滑稽之感，而个矮的男教师留一个蓬松的大背头也会使人感到头重脚轻。下面介绍男教师常做的三种发型：

平头。顾名思义，这种发型的顶部是平整的。从正面看去，整个发型棱角分明。但顶部头发边缘与两侧及后部头发的衔接处要自然呈弧形，否则看去像戴一顶大盖帽，极不雅观。平头有大、小之分。大平头的头发稍长，顶部的平面也稍大，适合于身材高大者；小平头的头发较短，顶部的平面也较小，适合于身材瘦小者。当然不同部位的头发长短、厚薄也可作适当变化，以便弥补脸形、头形、身材的不足。平头适用于不同年龄段的所有男教师。青年教师理平头，显得活泼、朝气蓬勃；中老年教师理平头则显得机敏和精神矍铄。

背头。这种发型的特点是头发向后（背部）梳理，使天庭开阔饱满。中老年教师选择这种发型显得气宇轩昂、风度不凡。这种发型也依据轮廓的大小、头发的长短分为大背头和小背头，可根据自己的脸形、头形、身材等灵活选择。

青年式。这是目前社会上较流行的一种男性发式，又依据头缝的分法、额前头发的形状等形成很多种变式。青年式的特点是头发蓬松，线条流畅，使人显得富有青春活力。这种发型有的留头缝，头发自然向两侧梳理，额上的头发可经过吹风形成不同层次的变化；有的不留头缝，顶部头发自然向右梳理。这种发型对中青年男教师均适宜，但要注意长度适中，特别是前额处的头发不宜太长。

另外，我们顺便谈谈男教师的胡须修饰。对于新时期的中小学男教师来说，我们是不提倡留胡须的。因为留胡须既不卫生，也会影响教师的精神面貌。男教师的剃须频率要针对自己的实际情况而定。教师参加重大活动或上公开课，一定要剃须刮脸。刮脸前最好敷上剃须膏，以软化胡须，调节皮肤酸碱度，方便剃须。刮脸后也应搽些须后水，这种须后水有收敛毛孔、平衡皮肤水分、软化肌肤的作用，且用后有凉爽舒适之感。

为·师·授·业·丛·书

为师篇：

教师语言行为艺术

下

潘宏竹◎编著

中国出版集团
现代出版社

图书在版编目(CIP)数据

教师语言行为艺术(下) / 潘宏竹编著. —北京 : 现代出版社，2014.1
(为师授业丛书. 为师篇)
ISBN 978-7-5143-2119-7

Ⅰ. ①教… Ⅱ. ①潘… Ⅲ. ①教师-语言艺术 Ⅳ. ①G42

中国版本图书馆 CIP 数据核字(2014)第 018337 号

作　　者 潘宏竹
责任编辑 王敬一
出版发行 现代出版社
通讯地址 北京市安定门外安华里 504 号
邮政编码 100011
电　　话 010-64267325 64245264(传真)
网　　址 www.1980xd.com
电子邮箱 xiandai@cnpitc.com.cn
印　　刷 唐山富达印务有限公司
开　　本 710mm×1000mm 1/16
印　　张 16
版　　次 2014 年 4 月第 1 版 2023 年 5 月第 3 次印刷
书　　号 ISBN 978-7-5143-2119-7
定　　价 76.00 元(上下册)

目 录

第五章 仪表增加魅力(下)

第六章 教师体态的运用艺术

第七章 树人先育人

第八章　让教学更有效

第五章　仪表增加魅力（下）

第四节　教师的坐立行

我国自古就很重视人的姿态美，“站如松、坐如钟、行如风、卧如弓”就是古人对姿态美的要求。如今人们往往刻意追求形体的美，却忽视了姿态、动作的美。其实，与形体美相比，人的各种姿态、动作的美更为重要。端庄、大方的姿态，敏捷准确的动作，不仅本身就是一种美，而且可以弥补形体上的某些不足，也有助于身体的健康。所以，英国哲学家培根说：“在美的方面，相貌的美高于色泽的美，而文雅得体的动作的美，又高于相貌。”

对于教师而言，姿态既是教师形象的重要组成部分，也是其修养的一个重要方面。因为教师总要在学生面前、在课堂上“亮相”，学生透过这个“相”去认识老师、理解老师，并从中得到潜移默化的熏陶，而教师则通过教学体态表达，通过这个“相”去展示自己的素质修养和精神风貌。

一、教师的坐姿

一般情况下，教师不坐着上课。但在特殊情况下（如身体不适等），学生上自习时，教师也时常坐在学生面前，特别是在办公室内，教师的坐姿仍能对学生产生一定影响。所以了解坐姿的一般常识，不仅有助于教学，而且能在人际交往中更好地展示教师为人师表的风范。

1. 坐姿与心理、性格

体态学家研究认为，坐姿同其他姿势一样，反映人们的心理情感。比如，正襟危坐意味着毕恭毕敬，横倒竖歪地坐下表示随随便便，只坐在一个椅子角上可能是由于局促不安，坐在那里跷起二郎腿显得悠然自得，落座后两腿叉开则显得踌躇满志等等。落座后手、腿的姿势更能反映一个人的心理活动。

谈话时，如果听话人双腿微屈交叉坐在那里，双手交叉于下腹部，这种姿势表面上看神态安详，像是认真倾听，但他（或她）“入耳”并没“入心”，要想说服他放弃自己的意见，还要下一番工夫。

如果是听话人将一腿叠于另一腿的膝上，双手交叉放在腿上，则表明该对象有较强的自信心，往往对自己的看法持坚信不疑的态度。他虽然一动不动地坐着，但并没有留意谈话内容，只是由于礼貌或某种原因而做做“样子”。

如果是这种姿势，端坐在那里，双腿并拢，双手平放在两腿之上，则表明他正在认真倾听谈话的内容，他精力集中，不愿漏掉你每句话的内容，你的谈话内容正在他身上发生影响。

如果听话人坐在那里，双手在腿上不停地来回搓动，则表明这人较为古板执拗，也表明他已极度厌烦和不安，甚至已很反感，正打算寻机会反驳。

如果双膝并拢，小腿叉开，双掌合并插在两膝间，则表明他是一个性格内向的人，并且他感情细腻，有较强的自控力，不论你说什么，他都能做到“有则改之，无则加勉”。

2. 坐姿与身心健康

良好的姿势是健康的基础。这并不是说姿势不好就会致病，而是说姿势长时间不良，就会有损健康，其中坐姿对身体健康影响尤为突出。

我们知道，人类因直立而得到发展，但也引来不少麻烦。由于直立，头和上半身的重量就全压在颈椎和腰椎那儿的骨头上，如果坐姿不正则更加重其负担。坐姿不正，脊柱前弯，形成驼背，也会使心、肺、肠、胃等内脏器官活动受到限制而致病。另外，坐姿不正，脊柱弯曲，还会压迫脊神经，既影响内脏和肌肉的活动，也会影响脑神经，使精神不振，情绪消沉，其害处是明显的。许广平回忆鲁迅先生时说："先生写作时很注意端正姿势，坐得很直，眼睛与桌子保持一定距离，十年如一日，所以他没有弯腰驼背的现象。"

对于从事脑力劳动的教师而言，不仅本身坐姿的正确格外重要，而且还可以潜移默化地塑造学生形象，提高课堂教学效率。端坐是一种课堂常规要求，持之以恒就会形成条件反射：一旦端坐，便产生一种心理暗示——上课了，精神便集中起来。苏联心理学家索洛维贺克说："要想在课堂上集中注意力，我们还是从一年级就学会的简单的事情开始吧：身体坐正，振作起来……这样我们就会非常容易地把注意力集中在老师的讲解上。"

如果全班都是整齐的端坐姿势，还会产生一种群体效应，这种心理氛围是一种"心理场"，在这个"场"中，教师也会受到强烈的感染而将平生本事发挥得淋漓尽致、锦上添花，进而感染学生，得以开发潜能和产生创造性思维。如此良性循环，师生多向感应，不仅是健康向上的心理氛围，而且是一种和谐共振的"美"境。因此，有经验的教师很注重学生良好坐姿的习惯养成，不仅提高了课堂教学效率，并且保障了学生的身心健康。

3．坐姿的一般要求

美的坐姿，既体现形态美，又体现行为美；不良的坐姿，不但给人以举止粗鲁、不文雅的印象，也容易造成腰肌劳损和脊柱后弯，影响身心健康。正确的坐姿应该做到以下方面。

人座时动作应轻时缓，从容自如。所谓轻是指落座时的声音要轻；

缓是指入座时动作要柔和，不要忽地坐下或腾地站起。

落座后要保持上身的正直，不要耷拉肩膀、含胸驼背，给人以萎靡不振的印象；也不可后仰、半躺半坐、跷二郎腿，以免给人以放肆、无教养之感。

坐时应轻松自然。两手应自然下垂，肩部放松，五指并拢。也可将小臂平放在座椅两侧的扶手上，或放在膝上。两腿应该自然弯曲并拢，两脚并列或前后稍稍分开，给人以大方、文雅之感。男女的坐姿有一定区别：男性可以微分双腿，给人以自信、豁达的感觉；女性则一般应并膝或小腿交叉端坐，给人以庄重、矜持的印象。男性坐时双手可随意放置；女性坐时一般应将双手放于膝盖处。

二、教师的站姿

教师的外在仪表跟他讲课时的站姿是分不开的。因为教师无特殊原因不能坐着上课。教师在课堂上要保持仪态端庄、稳重大方，就要有一个正确的站立姿势。站，应该成为教师的一项基本功。

优美的站姿是其他动态美的起点和基础。站立的基本姿势是挺胸、收腹、梗颈，嘴微闭、眼睛平视前方，手臂自然下垂，身体的重心线穿过脊柱落在两腿中间，从侧面看，重心线应落在盆骨正中。这样的站姿不仅能表现出人体固有的曲线美，也会给人以端庄、稳定、精神抖擞、朝气蓬勃的感觉。

1. 站位适当

教师讲课时站立的适当位置是在讲桌与黑板之间。教师讲课要辅以表情、手势、眼神等，必然牵动着几十双学生的眼睛。教师站在这个位置，学生看得清，看得准，除两边的学生外，大多数学生是直视的，这对保障学生的视力有益处。只偏在一角，则大部分学生视线是斜的；而踱步讲课，学生的目光跟着移动，久而久之对学生的视力也会有影响。

此外，教师的讲课总是辅之以板书，还要随时参阅教案，站在讲桌与黑板之间，口述笔写，随手可到，浏览教案，低头可及，既节约时间又得心应手。若站在一角或踱来踱去地讲课，板书时需向黑板靠拢，参阅教案时又需向讲桌靠拢，这既浪费时间又不方便。所以，从提高课堂教学效率看，讲课时教师应站在最佳位置。

当然，事物都是辩证的，教师讲课的位置也不能呆板地固定在一点。特别是组织学生讨论或布置作业后，教师应适当地移动位置，或到学生座位间进行巡视。

2. 错误站姿

有的教师登上讲台时，有几种错误站姿：一是侧身而站或是侧向黑板而站；二是站时重心移动太快。心理学研究表明，侧身或面向黑板而站，说明教师的心理是封闭的，不利于阐述教学内容，而且给学生留下没有教养的感受。站时重心忽左忽右，则被视为信心不足或情绪焦虑。所以，要采取面对学生的站姿，这表明教师上课准备充足，有信心上好这堂课，有能力控制整个教学局面。

此外，教师在课堂上板书时面向黑板，背对学生；两手放在裤袋里或双手反背身后，一副师道尊严、居高临下的样子；长时间双手撑住讲桌，身体前倾，两脚蹬墙等等，这些都是不正确的站姿，这样的站姿不仅不利于教师的身心健康，还给学生造成散漫随意的形象。这样势必会影响课堂的讲课效果，学生还容易跟老师学习模仿，这对学生的健康成长也是不利的。

3. 短暂休息

教师讲课不能用一种姿势站在同一个地方，当需要阐发、描述、分析时，应稍离讲桌，或轻松自然地走动，或微微分开双脚，在微量运动中求得休息。这样，学生既会感到教师端庄严肃，又会感到老师的亲切自然。当学生埋头做笔记或做练习时，教师可以用手撑住桌沿，把重心移到某只脚上，这样既可以得到短暂休息，又不会造成消极影响。

三、教师的走姿

人走路的样子千姿百态，给人的感觉也各不相同。有的步伐矫健、轻松、敏捷、灵活，富有弹性，使人联想到年轻、健康、活力，令人振奋精神；有的步伐稳健、端正、自然、大方，给人以沉着、庄重、斯文的感觉；有的步伐整齐、雄壮、铿锵有力，给人以英武、勇敢、无畏的印象；有的步伐轻盈、灵敏、行如和风，给人以轻巧、欢悦、柔和之感。

1. 教师走姿的要求

走姿是站姿的延续动作，是展示人的动态美的无声语言，最能表现一个人的风度和魅力。无论是在街市、在校园、在课堂，走姿都能反映教师的精神风貌。

教师走姿的一般要求是步态自如、轻盈、矫健、敏捷。起步时身体略向前，行走时要昂首、挺胸、收腹、眼平视；肩正、身直、双臂自然下垂；两膝间无空隙，步子大小适中，有节奏，自然、从容，轻松而不紧张。

由于性别的不同，男女教师在步态和姿态上应该是有区别的。

男教师的步伐应该刚健、有力、豪迈、稳重，好似雄壮的“进行曲”，坚定、刚毅、洒脱，气势磅礴、具有阳刚之美；女教师的步伐应该轻盈、柔软、飘逸、玲珑，宛如柔曼的“小夜曲”，恬静、娇巧、贤淑，具有阴柔之美。

男教师走路的姿态应当是：昂首，闭口，两眼平视前方，挺胸，收腹，直腰，上身不动，两肩不摇，步态稳健，显示出刚强、雄健、英武、豪迈的男子风骨美；女教师走路的姿态应当是：头部端正，不宜抬得过高，目光平和，直视前方，上身自然挺直，收腹，两手前后摆动的幅度要小，以含蓄为美，两腿并拢，碎步行进，行成直线，步态要自如、匀称、轻柔，显示出端庄、文静、温柔、典雅的女子窈窕美。

2. 课堂上的走姿

教师在课堂上的走姿很重要。上课铃响后，教师迈着矫健的步伐，精神抖擞地登上讲台，给学生以自信的感觉；教师在课堂巡视过程中，步伐应做到轻而缓，既不要发出“嗒嗒”的响声，也不要急匆匆地快步行走。总之，课堂上教师站姿端正，走路稳健，会增加讲课的吸引度和知识的可信度，保持学生的注意力；反之，则不然。

吉拉尔德·唐纳森说：“我们的步态与我们的个性是密不可分的……一个步态学家应能以改变步态来弥补个性缺陷。”心理学家乔伊斯·布拉泽斯甚至认为：“改变你的步态就能改变你对自己和别人对你的看法。采用自信、敏捷的姿势和步态，果断地迈开大步，人们就会刮目相看。”

3. 错误的走姿

日常生活中，有些人不重视步态美，或者出于先天性的生理不足，或者由于后天性的不良习惯，且又不肯下决心矫正自己的缺陷，任其发展，结果逐渐形成了一些丑陋的步态。有的人在走路时，老是摇头晃脑，歪歪斜斜，左右摇摆，随随便便，给人以庸俗、无知和轻薄的印象；有的弯腰弓背，低头无神，步履蹒跚，给人以压抑、疲倦、老态龙钟的感觉；还有的人摇着八字脚，晃着“鸭子”步，或者几个人勾肩搭背，推推搡搡。这些走路的样子都十分难看，因为它破坏了人体美，令人不快，给人一种不安的扭曲感。

无论男女，走路的时候，不可把手插在衣服口袋里，尤其是插在裤袋里；也不要叉腰或倒背着手，因为这样不美观。走路眼睛应注视前方，不要左顾右盼，不要回头张望，不要老是盯着别人乱打量，更不要一边走一边指指点点地对别人评头论足，这不仅有伤大雅，而且也不礼貌。走路的脚步要干净利索，有鲜明的节奏感，不可“拖泥带水”，抬不起脚来，也不可重如打锤，砸得地动楼响。

第五节 教师风度的培养

风度是仪表行为的核心。它从人们的服饰、体貌、表情、姿态以及言谈举止等仪表行为体现出来，是一个人道德文化素养和审美观念等内心精神世界的自然流露。风度的形成虽然与先天遗传素质有关，但主要靠后天的培养。

教师的风度是教师仪表行为的综合体现，是教师形象的真正内涵。由于职业的特殊性，教师的风度具有榜样力量，直接或间接地影响着学生的审美意识和认识能力。教师的风度也不是一朝一夕就能够形成的，同样需要长期的有意识的培养。

一、风度与气质

在日常生活中，我们周围的人有的沉静，有的活泼，有的直率，有的浮躁……这种稳定的个性特点便是人的气质。它是高级神经活动在人的行动上的具体表现，直接影响着人们的行为方式。我们往往从某人的一颦一笑、一举一动、言谈话语中体味到他的气质优劣。所以气质是风度的一个重要因素，风度与气质有着直接的关系。

气质是人的心理特征之一。它主要表现为情绪体验的快慢与强弱，思维的灵活与迟钝，注意力集中的长与短，以及动作的灵敏与迟缓等。公元前5世纪，古希腊著名医生希波克拉底依据人体体液（血、黏液、黄胆汁、黑胆汁）的多寡将气质分为四种类型：多血质、胆汁质、黏液质和抑郁质。多血质的人活泼好动，性情活跃，动作灵敏；胆汁质的人直率热情，精力旺盛，但往往性情急躁，动作迅猛，情绪易于冲动，心境变换剧烈；黏液质的人性情沉静，沉默寡言，动作迟缓，情绪不易外露，善于忍耐；抑郁质的人孤僻，行动迟缓且性情脆弱，但具有这种气质的人，对事情体验深刻细腻，善于觉察别人不易觉察到的细枝末节。

上述这种对气质的分类虽然为人们所公认，但并没有充分的科学依据。20 世纪 30 年代，苏联伟大的生理学家巴甫洛夫根据高等动物大脑皮层高级神经活动的强度、平衡性和灵活性等特点，提出四种基本的高级神经活动类型，即强、不平衡的兴奋型（不可抑制型）；强、平衡的活泼型（灵活型）；强、平衡的安静型；弱型（抑制型）。这种高级神经活动类型与希波克拉底医生划分的人的气质类型基本上是相当的。兴奋型相当于胆汁质，活泼型相当于多血质，安静型相当于黏液质，弱型相当于抑郁质。不过，巴甫洛夫的高级神经活动学说是建立在比较可靠的自然科学基础上的，从此，气质类型的划分便有了较充分的科学依据。巴甫洛夫的研究还表明，纯粹的气质类型极少，一般是以一种气质类型为主导并兼有其余气质类型特点的混合型。各种气质并无好坏之分，每种气质在不同的情境下各有所长。

值得注意的是，现代心理学研究证明，人的气质类型虽然是由遗传因素决定的，但可以随着环境的影响而发生量的变化，并受人的世界观和性格等的控制。高雅的生活情趣、远大的理想志向、和谐美好的人际环境可以使任何一种气质发挥长处，变得富有独特魅力。所以，在气质的修养上，要首先了解自己属于何种生理气质类型，从而在各种情境中既有表现又有约束地控制自己的气质，使气质美可以正确的发挥，进而使其成为风度美的重要组成因素。

二、风度与性格

性格是一个人心理状态的个性表现，它所体现的是人的行为特点以及对周围社会环境和生活条件的态度。因此，性格与气质的不同点在于它从结构上具有更广泛的内容。性格包含着意志力、合群、积极主动或消极被动等心理特征，并在很大程度上取决于后天的教育。

美的性格，体现着浓重的理性光辉。性格活泼的人，风姿潇洒、灵活，交游广泛，富于进退日如、收放有序的人生姿态，容易讨人喜欢；性格文静的人，风姿典雅、文质彬彬，常具丰富的含蓄性，使人感受到潜在的魅力，容易令人景仰；性格刚强的人，风度豁达，胸有成竹，使人能萌生很强的信任感……

性格一旦形成，会随着年龄的增长而逐渐稳定，也就日趋难以改变。但是通过锻炼自己具有“自控”的能力，还是可以控制性格中不利于行为方式的一面的。自控力本身可以说是美的性格的一种鲜明的体现方式。因此，积极通过各种修养，如注意培养顽强的意志力、乐观向上的人生态度、对既定的美的追求等等，强化自己的自控力，是改变已趋于定型性格的途径和方式。

生活中经历的重大事件往往会给性格打上深深的烙印，环境和实践的重大转折和变化也会在很大程度上改变一个人的性格。因此，要塑造自己美的性格，应注意从以下几个方面努力：一是学会客观地了解自己，对自己性格的各个方面都有比较清楚的认识和正确估价，判断出自身性格中的优、劣成分，以便扬长避短；二是从自己性格的实际情况出发，去修正性格中不好的方面，这需要有比较强的自我控制能力；三是不要盲目地改变自己性格中的主要方面，要保持一定的性格特点，要有相对稳定的性格发展轨迹；四是要同自己周围的环境有一种比较协调的关系，既不能随波逐流，也不要孤芳自赏。

三、教师风度的构成及培养

教师风度的构成与普通人一样，也是外在美与内在美的和谐统一，既包括外表的修饰，也包括内在的素养。内在美在教师职业道德的审美过程中，相对来说起着重要的决定作用。一个有责任感的教师，纵然没有漂亮的外貌姿容、美丽的打扮，但只要能在教师的职业仪表行为要求下，树立起高尚的为人师表意识，也同样能以自己的内在气质和美好的心灵影响、感染、打动受教育者，使受教育者从中得到教益和启迪。所以，教师的职业特点历史地规定了以教书育人为目的的教师的形象风度，更多地偏重于内在的品德修养和人格的健全完善。

1. 道德修养

一个有风度的人，必定具备较高的道德修养；而缺乏道德修养的人，绝不会是一个有风度的人。没有文化知识，至多只能使人变得愚昧；而没有道德，则很可能使人变得野蛮并且残忍。一个没有文化的人，并不会直接威胁到他人的幸福；而一个没有道德的人，则必定导致他人的不幸。风度中，道德修养是摆在第一位的。教师的职业是“传道、授业、解惑”，理应把道德修养放在首位。

道德修养的内容和要求，因时代和社会生活背景的不同，往往会出现差异。但有一些品德，如谦逊、仁慈、诚实、守信、勤劳之类，既具有特定时代和社会的内涵，同时也具有普遍认同的意义。教师的品德修养内容是十分广泛的，并且有较高的要求。这种内容和要求称为教师的职业道德或简称为师德。

那么，新时期的教师应该具备哪些基本的师德要求呢？首先，教师应忠诚于人民的教育事业，献身教育，这是每一位教师必备的最基本的职业道德品质，也是党和人民对教师最基本的道德要求。其次，教师应热爱学生，诲人不倦，这是教师道德品质的重要内容，是衡量师德水准的标尺，是教师的神圣职责。再次，教师还应以身作则，为人师表，这是指教师在各方面都应成为学生和社会上一切人的表率和楷模等等。

教师道德修养的内容较为广泛，教师道德品质的培养也不可能一蹴而就。但是，教师必须深刻认识师德修养的必要性，提高师德修养的自觉性，并且身体力行，加强自身学习，使自己无愧于“人类灵魂工程师”的光荣称号。

2. 文化修养

美好的风度仅限于道德修养是不够的。一个人即使有较高的道德修养，而文化修养平平，我们也只能说他是一个好人，而不能称其为有风度的人。当然，一般情况下，思想道德修养与文化修养是相辅相成的。孔子所提倡的“动容貌，斯远暴慢矣；正颜色，斯近信矣；出辞气，斯远鄙倍矣”的君子风度，也并不完全是道德上的要求。孔子本人不仅懂得经邦济世、治国齐家的大道理，而且也喜欢上古淳朴的民风和礼仪，以及质朴纯真的诗歌和优美动听的音乐。从他为学生设置的科目（礼、乐、射、御、书、数）来看，他所推崇的所谓“君子”，也不仅仅是个道德家，而且同时还是个学者和艺术家。

就当代教师而言，要成就美好的风度，同样需具备高度的智慧和才干，而这些智慧和才干主要来自于文化方面的修养，其中要包括科学修养和艺术修养。

（1）科学修养

科学作为对客观世界的真实反映，是一种极为严密的知识体系。它的主要作用是给人们提供科学的思维方法，或培养其科学思维的能力。在现代文明社会里，一个人知识渊博或天文、地理、人事样样知晓，这本身就是足以自豪、让人称羡的事情，也是有风度的一种象征。尤其是在一个号称“知识爆炸”的时代，如果一个人缺乏严格的科学训练和系统的知识学习，那么他就会缺乏尽人皆知的常识，如何谈得上风度！英国哲学家培根说过：“史鉴使人明智，诗歌使人巧慧，数学使人精细，博物使人深沉，伦理学使人庄重，逻辑与修辞使人善辩。”因此，教师要形成良好的风度，必须具备渊博的科学文化知识。更何况，教师是人类智慧的传播者。

教师应掌握广泛的文化知识。当今社会，知识领域出现了各学科相互交叉和渗透的现象，科学知识的发展出现了综合化、整体化的趋向。这就要求教师不能孤立地研究和精通某一专业知识，而要横向开拓科学文化知识。另外，课程内容的综合化也要求教师掌握广博的文化知识。那些教理不懂文、教文不懂理的教师只能是就事论事，穷于应付，照本宣科；而知识面广的教师在教学中则能左右逢源，激发学生的学习兴趣，扩大学生的视野，培养学生积极思维的品质。

教师应精通专业知识。这里的专业知识，是指与所教学科有关的知识。教师的专业知识应是扎实的。比如，一位合格的语文教师，要教给学生运用祖国语言文字的能力，提高语文教学质量，就得有扎实的说话、阅读、写作基本功。教师对于教学内容要吃透、消化，决不能一知半解，照本宣科，否则会误人子弟。教师的专业知识还应当有一定的深度。平时我们所说的“要给学生一碗水，教师应存一桶水”，就是这个道理。再就是教师的专业知识应该是活的，而不是死记硬背的。只有那些真正理解、消化了的知识，才能成为教师自己的知识，才能为教学服务。

教师应具备丰富的教育学、心理学知识。教师不仅要知道“教什么”，更应懂得“怎么教”，教师学习、掌握教育学和心理科学知识正是为了掌握“怎么教”的艺术。苏霍姆林斯基说：“教育理论应当是照亮教育实践的光源，应当是灵敏度很高的指南针，指示人们怎样和向什么方向去引导儿童。”因此，教师掌握丰富的教育学和心理学科学知识，不仅有助于提高教师的教育理论水平，而且有助于树立正确的教育观、儿童观，促进学生的发展，提高教学效果。

总之，教师广泛的文化知识、精深的专业知识和丰富的教育学、心理科学知识，是教师做好教育工作的必备的业务能力，这种能力是教师风度的必要构件。

（2）艺术修养

艺术是借助形象表达社会现实的一种社会意识形态。在今天，不仅绘画、雕塑、建筑、音乐、舞蹈、戏剧、诗歌、小说这些传统的艺术对人们的审美趣味和审美倾向起着指导性作用，而且20世纪才兴盛起来的电影、电视、时装表演和艺术体操等，也正在日益成为公众审美娱乐的导向。绘画的色彩和线条，雕塑的造型，建筑的结构，音乐的节奏，舞蹈、时装表演和艺术体操的动作，诗歌和小说的语言，戏剧、电影和电视的对白，表演家优雅的身材、服饰和体态，成了现代人不可或缺的参照和样板。可以毫不夸张地说，我们生活在一个艺术的世界里。

然而，令人遗憾的是，许多教师的艺术修养功底尚浅，严重地影响了教师良好风度的形成。这些缺乏艺术修养的主要表现是：教育教学中缺乏情感和想象，语言平淡，体态刻板，表情冷漠，服饰和容貌修饰缺乏必要的美感等等。改变上述现状的有效途径之一是加强教师的艺术修养。因为艺术可以丰富人们的情感和想象，一个情感单一的人，不可能真正体验到别人所具有的情感，也不可能以一种宽容的态度去看待各种不同的情感。而既然不能体验并且不能容纳别人的情感，也就不可能产生真正的同情心。

人与人之间的彼此隔膜、冷淡和对抗，多半是因为没有使之沟通起来的情感。一个缺乏情感的人，不可能具有打动人的魅力。正如康德所说：“合乎规则只能使一个人成为没有毛病的人，而不可能使他成为天才。”一张合乎规则、没有表情的脸只能暴露一个人的平庸，而不能显示出他的个性。人身上一切有个性的、有灵性的和有魅力的东西，都同情感的表现有关。

教师所从事的职业是需要情感的职业，教师应该成为具有丰富情感的人。因此，教师应该加强艺术修养，通过艺术欣赏提高自己的审美能力，只有这样，教师在日常的教育教学工作中，才能以形体、容貌和服饰的美化以及言语和体态的恰当的、优雅的表达方式，表现出人民教师的人格魅力和优美风度。

第六章　教师体态的运用艺术

体态是指人身体的姿态，它是由人体运动时的动作和静止时的姿势组成的。人是有生命的机体，人的身体的各个部分，几乎都能发出各种动作。一连串的点动，改变了整个身体部位的位置，这时的相对静止状态即可称为“姿态”。这些动作及其形成的姿态不仅形式多样，而且表达的意义也相当复杂。就体貌和姿态的表达的意义而言，我国有句俗话说：“举手投足，可见其内心机蕴。”人际交往中，人们常通过体态语来揣度对方的心理，如点头表示同意，摇头表示不满，肩头一耸，表示非常遗憾，大腿一拍，表示异常兴奋等等。教师在教学中要想有优雅的体态动作，就必须懂得教师体态的运用艺术，本章我们就从教师体态运用的概述以及头势、手势、面部表情和眼神这几个方面进行阐述。

第一节　教师的体态运用概述

体动和姿态不仅是一个人精神和个性的直接体现，而且也是构成其风度美的重要因素。教师要树立良好的仪表形象，必须使自己的体态符合一定的审美要求。同时，教学中优雅的体态动作，是重要的教育辅助手段，对塑造教师的讲台形象有着不可低估的作用。

一、体态运用的要求

准确适度：要根据说话内容、说话环境、说话对象、说话目的的需要，准确恰当地运用。

自然得体：要求体态运用不故作姿态，要适合自己的身份和交际场合。无论是从审美的角度，还是从表达功能的角度，身姿语的运用，都要自然、得体。做到既要符合审美的原则，给人以美感，又要符合特定的情况。

和谐统一：体态语言和有声语言配合统一，才能准确地表达自己的思想感情和愿望，否则，就不能收到既定的效果。各种体态语言要求一致而协调，要有整体观念，表情、手势、身姿不仅要配合有声语言，它们之间也应该是相互配合的。

教师要善于发挥体态的形象功能和情意功能，配合有声语言更好地传授知识、表达感情。

〔**案例**〕一位小学语文教师在教同学们“身”字。这位语文教师摆好了姿势，对学生说：“你们看，这就是‘身’的字形，‘身’字上面一小撇，好像是一个人头，中间部分是身子，身子里面有心、肺、胃等器官，下面部分好像是两只脚，一只脚站着，一只脚向前踢出去。”学生看看字形，看看教师的姿势，都高兴得笑了起来。教师体态和有声语言的配合，不仅使学生学会了“身”字，还活跃了课堂气氛。

〔**案例**〕一位教师在讲授朱自清的《背影》。当老师讲到“父亲”爬上月台去买橘子一段时，她引导同学仔细理解“攀”“缩”“倾”等动词的用法，并体味其中所蕴含的父亲对儿子的深厚的爱。说着，她走到一张空的课桌前，一条腿慢慢地向上缩着，胖胖的身子向左微倾，显出努力的样子。起初，有几位同学笑了起来，可是当老师攀上去的一刹那，一切声响都没有了。每一个人都屏住呼吸。顿时，学生仿佛看到了文章中那戴着黑布小帽的慈父，在铁栅栏上艰难地攀着，仿佛觉得眼前这就是那高大的背影……这一瞬间父亲的背影消失了，但老师的背影却深深地刻在了学生的脑海中。此时此刻学生通过老师的演示，已经完全理解了这三个动词的深刻含义，老师已用自己的行动证明：这就是爱。

二、体态运用的误区

体态语言如运用得好，可以使教学效果锦上添花，至少使课堂气氛满室生辉。它是如此美妙而神奇，初学者则努力望其项背而期望求得二三绝招，惯用者则尽量熟能生巧而渴望登堂入室，创新者则刻意标新立异而期望形成个人风格。但是，伴随着成功的同时，失误也在所难免。

1. 不自然

有些教师一站上讲台就像生了根似的，久久都不动一下；有的教师满教室不停地走动，如热锅上的蚂蚁；有的教师望着教室天花板讲课，不跟学生进行必要的眼神交流；有的教师一边讲课一边盯着窗外，造成学生精力不集中；还有的教师偶然中断思路就抓耳挠腮，偶有失误就吐舌头等等，都使人感到极不自然，妨碍教学信息的传递。

造成不自然的原因，主要是准备不充分，在学生面前一站则有不踏实的感觉，尤其是当出现了意外情况时，更是六神无主。还有就是对体态语言重视不够，认为那是可有可无的，甚至觉得是画蛇添足。当然也不排除没有教学经验，有的刚参加工作的教师为了使课堂气氛活跃，或掩盖自己的紧张心理便做出了种种不自然的表情动作，给人以生硬、做作的感觉。

克服体态语言的不自然，关键是要努力树立“忠诚党的教育事业”的思想，满腔热情地投身于教书育人的工作中去。备课时和平时要有意识地给自己增加体态语言的训练，表达内容，尤其是眼神、手势的训练对解决难点、突出重点时用什么样的体态语言配合都应心中有数。

2. 不明确

许多体态语言，如微笑、抬手、专注的眼神和摆动的身体等抽象地看都具有多种含义，但在某一个具体语言环境中，它又只能是一种含义，特别是一些指示性的体态语言。如用手势指你、我、他或上、下、左、右、前、后等必须动作到位，具体明确，而不能随便挥一下手就了事。具体讲，如指示视力所及的范围则可用食指明确指示，指示遥远的地方则可手心向上、手臂平伸出去来表示，这两种手势不能混淆。

〔**案例**〕前一堂课一位老师搞了随堂测验，下课了同学们还在对答案，谈作题，以致下一堂课的上课铃都没有听见，一位教师走进教室时，里面仍然是闹哄哄的。为了让学生们安静，他走上讲台用双手向上，做"掂"的动作，本意是叫值日生起立，结果一些学生误认为是老师要他们再议论一会，教室里更加嘈杂了。这位教师一看学生没明白他的意思，就改用双手轻轻向下压，串位的回到了自己的座位上，站起来的坐下了，可吵闹的声音依然不减，怎样才能叫大家安静下来呢？声音小了，无济于事，再吼一声，似乎不必要，用黑板擦敲讲台，动作不雅。突然，他灵机一动，做了一个右手食指顶住左手心向下的动作，同学们因这篮球比赛的暂停动作用在数学课而感到新奇，马上教室里就安静下来了。

由此可见，含义不明确的手势只能引起误解，而明确、新款的手势反而能达到出奇制胜的效果。

3. 不简练

有些教师在课堂上眼神游移不定，时左时右，时上时下，让人不明白他眼神究竟要盯在哪里，要传达什么样的信息，虽然表情始终是笑容可掬，却不分喜怒哀乐，将本应丰富变化的表情，全让"笑"代替了。有些教师的手势、动作太多，给人以手舞足蹈、眼花缭乱之感。还有的教师来回走不停，在学生与讲台之间来回穿梭。

这些不简练的体态势必喧宾夺主，减弱了教学的主导语言的力量，还使学生的视觉容易疲劳，接受了过多的形象信息，分散了学生的注意力，使学生没有足够的时间理解，消化教师所讲的内容，更难形成师生之间教学信息的“输出——反馈”的良性循环。

怎样才能有效地克服体态语言的多而滥呢？首先要加强教师的业务进修，深钻教材，精心备课，做到以缜密的逻辑推理、鲜明的教学主题，流畅的讲解语言来达到教学目的，而不是奢望于靠表面的手舞足蹈来造成人为的“生动、活跃”的课堂气氛。其次，教师要加强有声语言的训练，增强语言的准确、鲜明、生动的表现力、吸引力和穿透力，而不能存在什么“有声语言不足，体态语言来补”的错误认识。对于体态语言多而滥的教师，应格外注意每次讲课应相对固定站在一个地方，目光加强与学生的正面交流，对那爱动个不停的手最好拿一本书以制约一下。

4. 不文雅

每个人说话都有体态语言，而作为学生的心灵的美化者，知识的播种者，品德的引路人的教师的体态语言必然体现出教师职业的特点和个人的文化修养。因此，教师的体态语言就一定要有儒雅的风范、文静的气质，给人以高雅而脱俗，规范而得体的美感。

有的教师的体态语言缺乏高雅、沉稳之感，粗俗鄙陋，难登大雅之堂。讲到得意之处，禁不住摇头晃脑，唾沫横飞；讲到“卡壳”之处，则面红耳赤，抓耳挠腮；有的双臂撑在讲台上，有的一只脚蹬在讲台上；至于在上课时抽烟，整理身上饰物，随地吐痰，则是明显的不文明动作。凡此种种，往往会有损自己的威信，破坏融洽和谐的教书育人气氛，从而降低教育教学效果。

克服这些错误的体态语言，首先，应从思想上明白为人师表的职业要求，懂得教师无小节，处处是大节；其次，注意规范自己的体态语言，做到“有理、有利、有节”，即符合职业规范，有利于教育学生，注意调节克制。

5. 不美观

体态语言在审美上应该具有雕塑般的艺术效果，这是最困难的，然而作为一个优秀教师又是不得不具备的。遗憾的是，现实生活中，我们许多教师并不看重自己在学生面前的一些细微小节。如女教师头发没梳整齐，批评学生时一副张牙舞爪的样子；男教师裤管一只高、一只低，穿拖鞋、背心在校园里走来走去；有的教师常常一副愁眉苦脸的样子，时常都显得有大病不愈似的；有的教师体态语言有气无力，挥手、抬手、握拳等动作不到位。

〔**案例**〕一位教师讲高尔基的《海燕》，当讲到最后一句“让暴风雨来得更猛烈些吧!”这时，他的声音高亢、激昂，两手本应该高高举过头顶以加强这种气势，可惜，他的双手只是软绵绵地举了一下，与他的语气显得极不协调。这个手势不但没起到强化效果、渲染情感的作用，反而引来学生一阵嬉笑。这个不美观的动作将群情激昂的课堂气氛败坏得一干二净，从而严重地影响了对这篇课文那种大无畏的无产阶级革命斗志形象的理解。

想要做到体态运用的美观性，首先使用体态语时必须情感饱满，人只有在饱含情感运用体态语时，才能使眼神炯炯发亮，笑容满面春风，手势富有力度。另外，动作要到位，切勿拘谨、萎缩，否则不伦不类，甚至令人恶心。动作的预备、发出、收回全过程必须有板有眼地完成，预备运足气势，发出到位有力，收回干脆利落。

第二节　头势运用的艺术

头部动作所呈现出的式样叫头势或首语，显示着各种各样的信息。如点头通常表示肯定、同意，摇头通常表示否定、不同意；昂头通常表示高傲或鄙弃，低头通常表示服气或郁闷、忧伤；扭头常表示怀疑、否定或发横，晃头则常用来表示得意等等。

一、头势的恰当运用

头部是人的要害部位，用手和头部配合还可以做出许多不同的动作，如当人们遇到某种威胁时，常抱住头表示害怕。以手拍头的动作在许多情况下是一种自我谴责的方式，如忘记了别人委托的事，别人提起来，当事者往往用拍头的动作表示自责。不过，拍的部位不同也能表明当事者的性格：拍后脑和用手搓颈背的人，往往要求苛刻；而习惯于拍前额的人，往往心直口快。

最基本最普遍的头部动作是点头和摇头。但这两种头势所表达的意义，在文化背景不同的国家和地区功能不一样，甚至截然相反。在多数国家内，比如在中国、美国、英国和加拿大等国，点头是一种积极信号，通常表示赞成或肯定。然而在斯里兰卡、印度、尼泊尔、巴基斯坦、阿尔巴尼亚以及希腊等国，点头是一种否定信号。据说，有一次一个英国人要乘船去一个小岛，他问一个希腊人去小岛的船开了没有，这位希腊人摇了摇头，意思是已经离开了。但这位英国先生理解为“还没有开”，他在那里为此白白浪费了几个小时，事后发现了这一差异时，追悔莫及。

在众多的头势中，有一种表明兴趣的头部姿势，即将头偏向一侧，也就是平时说的“歪着脖儿”。我们常看到，儿童在听老师讲故事时经常歪着脑袋，聚精会神地听，这就表明故事深深地吸引了他们的注意并引起他们的兴趣。生物学家达尔文发现，类似这种人们歪着脑袋倾听的姿态，在动物身上也会出现，如刚满三个月的小狗，在听到或看到吸引它注意的新事物时，头也会歪向一边。

二、教师运用头势应注意

了解上述头部动作所传递的信息，解读头势，不仅可以帮助教师的日常交际，而且还可以有效地运用这方面的知识服务于教育教学。如当教师与个别学生谈心时，若想了解学生讲的是否是实话，最行之有效的办法之一就是观察他的头势。虽然学生在教师面前口头上称是，却无意地将头从一侧摇到另一侧，这就表明他讲的不是心里话，至少不完全是真话。这就需要教师进一步地做细致的思想工作，直到学生的有声语言和无声暗示保持一致为止。

教师的头势运用应注意以下三条：

1．多点头少摇头

无论是课堂内外，教师在对学生行为进行评价时，要有意识地用点头表示赞成和肯定，以使他们从教师的动作中得到鼓励，增强自信心。在与学生进行交谈时，教师适时地颔首示意既表示精力集中，又是对学生的一种尊重。至于摇头的动作，教师在运用时应慎而又慎，因为它会在一定程度上伤害学生的自尊心。即使是学生回答问题错了或有某些不规范行为，教师也应运用婉转的语言进行安慰或规劝，而决不能把头摇得像个拨浪鼓。

2．多低头少昂头

中小学生一般个头较矮，教师低头或俯身与学生进行交谈，会使学生产生平等感。如果在学生面前老是昂首挺胸，给人以高高在上的感觉，会使学生产生疏远感。

3．多伸头少仰头

头向前伸的动作表示“兴趣极大”、“受到吸引”或“钦佩羡慕”。脑袋后仰则表示对别人的话“缺乏兴趣”、“不以为然”或“拒绝排斥”。但二者也都可以表达完全相反的含义，即头叫前倾时表示“威胁”，后仰时表示“放松”。不过这种情况仅限于双方关系紧张时，所以教师批评学生时应加以注意。

第三节　恰当运用手势

如果说“眼睛是心灵的窗口”，那么手便是人类行为语言的嘴巴。并且，手势与其它任何体态语相比，所表达的意义更为明确。正是由于手势具有强有力的表意功能，使得它成为人们日常交际中不可或缺的有效工具。教师规范得体的手势，不仅可以很好地组织教学，而且可以表达情感、描绘形象、指代事物等，是教育教学的得力“助手”。因此，无论是从日常交际还是教育教学的角度看，教师都应该熟练地掌握和运用这一有力的表达工具。

一、手势的分类

1．描摹性手势

有些手势能够模拟事物的形象、情状、特征等，我们把这些手势称为描摹性手势。如幼儿做游戏时，常将双手置于头顶模仿牛、羊等动物形象。课堂上，教师适当运用描摹性手势，能够化抽象为形象，使学生加深对知识的理解和记忆，从而收到事半功倍的教学效果。

语文教学中运用描摹性手势，不仅可以帮助学生理解一些抽象的词语，而且可以通过描摹事物的情状增强文章的表达效果，使学生从中受到感染。

〔**案例**〕《挥手之间》中有这样一段文字：“主席也举起手来，举起他那顶深灰色的盔式帽。举得很慢很慢，像是在举一件十分沉重的东西，一点一点的，一点一点的，等到举过头顶，忽然用力一挥，便停在空中，一动不动了。”这段文字写了1945年8月28日毛泽东去重庆同国民党政府谈判，在延安机场与群众告别的一个镜头。教学这段文字时，如果只是一般性的朗读，学生会感到索然无味；如果教师一边声情并茂地朗读，一边描摹毛泽东的举帽手势，学生则会有一种身临其境之感，会从那具体形象的“特定的历史性动作”中体会到毛泽东那对中国革命的前途充满必胜信念的宏伟气魄，从而受到深深的感染。

2．象征性手势

所谓象征性手势是指以手部动作来表示某种抽象事物的手势。有些象征性手势不用语言配合即可表达某种抽象概念。如以食指或食指与中指一起敲击前额或太阳穴，如果面带微笑，就表示“聪明”，但如果皱着眉，则表示“愚蠢”或“疯狂”。

〔**案例**〕一位教师上《长江三峡》，为了帮助学生体会“战斗航进穿过黑暗，走向黎明”这样一个抽象的主题，他手势向前冲击出去，做出昂然奋进的态势。这一象征性的手势，表现出一种浩大的气魄，有效地强化学生对课文的理解。

更多情况下，象征性手势是配合口头语言下意识地做出的。比如不少人在交谈时敞开手掌且手心向上，这一手势象征着坦率、真诚。人们发誓时，习惯上将敞开的手掌放在胸前，以示真诚；在法庭上，辩护律师经常敞开手掌进行辩护演讲，以赢得法官对他的信任。当某人诉说自己的冤情时，也常常伸出双掌，并在胸前急促地抖动几下，以此来证实他讲的都是真言。大量的研究证明，敞开双掌是一种毫无意识的、使他人感到你在讲实话的象征性手势。了解这一手势，对于教师有针对性地对学生进行思想教育工作具有意义。

3．表情性手势

这是一种以手部动作表达内心思想情感的手势。常见的表情性手势有：挥拳表示激动或下定决心，紧握双拳或拍案而起表示愤怒，手拍胸脯表示敢做敢当，猛拍大腿表示深深的懊悔或极度兴奋等等。表情性手势的显著特点是手部动作的力度、幅度较大，人们借此以宣泄内心的情感。

〔**案例**〕伟大导师列宁当众演讲时的手势给人的印象很深刻。在影片《列宁在一九一八》中曾有这样的镜头，他左手插在胸部或腰间，右手不时地在胸前挥动，并配合着极富鼓动性的语言，果断有力地向前伸出，并稍稍抬起。那猛然冲击时伸出的手势显示出伟大革命家的远见卓识和必胜信念。这就是典型的表情性手势。

教师表情性手势常用于社会学科的教学中用以表现特定的情意。

〔**案例**〕读过都德《最后一课》的人，谁都记得韩麦尔先生最后一课的情景：他呆在那儿，头靠着墙壁，话也不说，一个手势：“散学了，你们走吧。”这一手势既表示了明确的语义，又传达出沉重的感情。

〔**案例**〕一位学生用锅灰抹在脸上走进教室，引得全班哄堂大笑。老师在帮他洗干净后，摸摸他的头说：“你呀，真顽皮。”这里的“摸头”配合有声语言表现了十分丰富的情意，使这位学生觉得“一股暖流涌上了心头”，以致几十年后还清晰地记得这一情景。

4. 会意性手势

这是一种在不易明说或不便明说的情况下运用的手势。比如，你的朋友正在与别人交谈，恰巧你急着要与他一同去办事，又不便打断他们的谈话，这时，你可向这位朋友招手致意，朋友心领神会后，就会尽快结束谈话。这一招手动作便是会意性手势。

会意性手势具有暗示功能。课堂上有的教师向学生提出问题后，为了不打断学生的思维，往往并不说“请举手”，而是自己举起右手与头顶部相平。这时学生马上跟着老师的举动纷纷举起手。在语文教学中，教师运用会意性手势可以帮助学生理解词语。

〔**案例**〕一位老师在讲“邻居”一词时，她先把一只手握成拳状，并说“这是小明的家”，然后再把另一只手握成拳状，说“这是小刚的家”，接着让两个拳头靠在一起问学生：“邻居”什么意思？学生通过教师的手势暗示，基本上明白了“邻居”就是“住得靠近的人家”的意思。

这里，教师巧妙地运用会意性手势帮助学生理解了“邻居”这一用语言难以表达明白的词语。由于会意性手势的暗示功能，运用这种手势不仅可以准确传递教师所要发出的信息，而且减少了教师发声，节约了时间，实为一举多得。

5. 指代性手势

指代性手势是指具有指示、替代作用的手势。有些手势可以指示方位、对象。如用手指指点上、下、前、后、左、右、中间、这、那，以及你（你们）、我（我们）、他（他们）等等。口语中这些词所表达的方位和对象是模糊的，如果配合手势，可使其更加明确。

有些手势还可以替代数目字。在我国，有“捏七、撇八、钩子九”的说法。即将拇指、食指、中指伸出并捏在一起，攥拢其余两指，表示“7”；伸出拇指和食指并将其分开，攥拢其余三指，表示“8”；将食指弯成钩状，攥拢其余四指，表示“9”。另外，我国一般伸食指表示“1”，伸出食指与中指表示“2”，伸出中指、无名指和小指表示“3”，握起拇指伸出其余四指表示“4”，五指全伸出并使各指叉开表示“5”，只伸拇指和小指则表示“6”等等。上述这些指代性手势生活中经常用到，应让学生掌握，尤其是低年级数学教学中，恰当地运用指代性手势，不仅可以节省时间，提高效率，而且可使教学更加直观形象。

6. 评价性手势

这是一种用来判断行为价值高低的手势。跷起拇指手势一般用来肯定、赞扬学生学习活动中的突出表现，对学生有很强的激励作用。另一种课堂上常用的评价性手势是鼓掌。在小学中低年级，当学生获得成功时，教师往往令全班学生鼓掌祝贺。这种掌声，对取得好成绩的学生来说，既是对他们行为价值的肯定，又是一种“奖赏”。

二、教师运用手势的要求

教师的手势不仅可以形象生动地传达自己的教育意图，而且可以调动学生学习的积极性，发展学生的想象力，加深学生对所学知识的理解。因此，运用手势辅助教育教学应该成为教师的一项基本功。

1. 表意准确

尽管手势千变万化，但大体上还是有规律可循的。一般说来，手势是通过对手指、手掌、拳头、手臂的运用来表情达意的。手指手势多属指代、描摹或评价手势。运用手臂和拳头的手势，如拳头紧攥、手臂上下挥动，多是表示愤恨、怒斥、决心的表情性手势。这些手势的运用一定要注意指代明确、描摹形象，才能充分发挥手势的作用。

手掌手势表意较为复杂，一般情况下，手心向上，胳膊微曲，手掌稍向前伸，多表示贡献、赞美、欢迎、承认、许诺、请求的意思，是一种谦逊、诚实的象征；手心向下，手臂弯曲，手掌稍向前伸，多表示压抑、神秘、反对、否认、制止、不愿意、不喜欢的意思，带有强制和命令的意味；两手由合而分，多表示空虚、失望、分散、消极的意思；两手由分而合，多表示团结、亲密、联合、全面、接洽、积极的意思。

课堂上，教师在掌势的运用上，应该让学生看到自己的掌心，而不是手背。因为前者意味着坦诚，没有秘密，后者意味着控制和不直率。例如，在请学生回答问题时，教师伸出四根手指微微弯曲向上动，做出招呼的动作，学生就会立即站起来回答教师的提问。这种手势明确、自然、谦和，有“请”的意思，传递了尊重学生的情感。相反，如果教师伸出一根食指像利剑一般指向学生，传递的则是命令的意味或压抑性的信息，虽然意义明确，但不够传情，对学生缺乏尊重。如果用教鞭随手一指，不尊重学生的意味就更浓了，这样在学生心理上会造成一种压抑感，影响师生的情感沟通。

2. 协调一致

运用手势首先要与全身协调，手臂动作的幅度和力度不宜过大，否则，手势过于张狂，身体会失去平衡，给人以缺乏稳重之感。其次手势要与语言相协调，要明确打手势的目的是为了配合教学内容的讲授。手势还要与情感的表达相协调，在有经验的教师执教的课堂上，经常可以看到这样的情景：教师时而以自然大方、平静安详的姿势作一般性讲述，时而以柔和舒展的手势表现诗情画意，时而以急剧的挥拳表现满腔义愤和无情鞭挞。在这些教师的教学中，手势的运用节律完全是由内心情感控制的。另一方面，手势的活动区域也会影响情感的表达。

课堂教学中的手势不完全等同于生活中的手势，而是一种艺术化的手势，要自然得体。不可矫揉造作、装模作样，使人感到轻浮和厌恶；也不可过于死板拘束、扭扭捏捏，使人感到压抑和滑稽可笑。教师讲课时的手势应适应教学内容的需要，该迅速有力的就不能缓慢软绵，该强调关键字句的就不能平铺直叙，该柔缓舒展的就不能匆匆收势。要像看著名指挥家的指挥，即使听不懂音乐，但从手势上也能辨明其意，从而达到手势运用的艺术化。

3. 适时适度

运用手势应注意场合、对象。小范围讲话，手势应少些；课堂上面对几十名学生，手势可适当多些。对家长谈话手势宜少；对学生说话，手势可多些。手势运用也应把握时机。

〔**案例**〕有一位教师，课堂上发现一名学生病态似的瞌睡，他没有用教鞭拍打讲桌，而是悄然地走到这位学生座位旁，迅速地脱下自己的外套，轻轻地披在这位学生身上。学生们还来不及笑时，这位教师早已伸出食指，轻“嘘”一声，示意大家不要惊醒他。短短的过程，这位教师没说一句话，然而“伸指嘘声”的手势就把学生的心征服了。

适度是指手势运用要避免随意性，要有个“度”。平时生活中总是手舞足蹈、指指点点、比比划划会给人留下不稳重、浮躁、急于表现自己的印象。课堂上教师的手势更应把握这个“度”，既不能太少，也不能太多、太奇。太少则死板，缺少生气和感染力；太多又显得琐碎杂乱，不利于内容表达；太奇则易喧宾夺主，分散学生的注意力。

4. 因人而异

教师手势的运用还应因性别、年龄、体形的不同而有所差异。就性别而论，男教师的手势一般表现为急速、果断、刚劲、有力，手势幅度较大，外向动作较多；女教师的手势则表现为细腻、柔和、优雅、舒缓，手势幅度较小，内向动作较多。老年教师的手势宜精细入微；中青年教师的手势宜气魄雄伟。矮胖者可多做些高举过肩的手势来提高学生的视感；而高瘦者宜多做些平直横向的动作以保持整个人体形象的平衡。

教师手势的运用没有固定不变的模式，应该在借鉴的基础上有所创新。对富有表现力的常规手势（包括从电影电视上看到的）要有选择地进行模仿，上课前还可以有所设计和练习。一开始，不要怕有雕饰的痕迹，“玉不琢，不成器”，只要勇于实践，不要多久，原有的雕饰痕迹就会逐渐淡化，以至消失。另一方面，教师的手势运用还应善于创新，从自己的个性和表达的内容出发，创造一些特有的动作，以体现自己的风格，使手势真正成为特定语境下的富有个性的自然流露。

第四节　教师的面部表情艺术

面孔是人心灵的镜子，面部表情是一个人内心情绪的外在表现，常常体现一个人的个性。人们常说的“察颜观色”、“心如其面”，就是告诉人们看人要先看脸，见脸如见心。在体态语言中，面部表情的“词汇”最丰富，也最具表现力。它能最迅速、最敏感、最充分地表现出人类的各种情感，如喜、怒、忧、思、悲、恐、惊。人们可以从面部的微妙变化中，看到一个人错综复杂的情感变化。正如法国著名作家罗曼·罗兰所说：“面部表情是多少世纪培养成功的语言，比嘴里讲的更复杂到千百倍的语言。”教师的职业是充满情感的职业，教师要学会运用丰富多彩的面部表情恰到好处地传递信息。

一、教师常用的面部表情

教师的天职是教书育人，其面部表情与教育教学工作的关系十分密切。教育教学过程是一种活生生的师生情感的交流过程，而面部表情正是师生情感交流的“媒介”。教师不仅通过言语向学生表达自己的思想感情，而且凭借面部表情向学生传递教育信息，表达自己的教育意图，启迪学生、引导学生、感染学生。学生透过教师表情的变化，也可以领悟、觉察到教师情感的变化，获得教师对自己评价的反馈信息。正是这种教育的情感性特征，以及中小学生的生理需要和心理特点，决定了教师无论课堂内外，教师在学生面前都应保持和蔼、亲切、开朗、精神饱满的面部表情状态。教师常用的面部表情主要有以下几种：

1. 表示高兴

这种表情是教师热爱校园生活的自然流露。具备这种表情的教师具有远大的理想、高尚的人格，具有乐观、豁达的情怀和宽厚爱生之心。工作中他们能事事从大处着眼，时时以大局为重，具有敬业奉献精神。

2. 表示亲切

亲切的表情是教师与学生建立并保持“心灵的接触”的前提条件，是进入学生情感世界的“通行证”。当你与学生谈话，运用这种表情，会使学生放弃戒备心理，造成一种融洽和谐的气氛；当学生在课堂上因紧张、拘束而回答不出问题时，看到教师的这种表情会得到鼓励和安慰……因此，这是一种无特定要求、应用频率极高的教师面部表情。

3. 表示满意

这是教师对学生行为进行价值判断时常用的面部表情。教师应该善于发现学生的点滴进步，予以褒奖和鼓励。所以，教师运用这种表情千万不要吝啬。德国教育家第斯多惠说得好："我们认为，教学的艺术不在于传授的本领，而在于激励、唤醒、鼓舞。"

4. 表示兴趣

这是指教师对学生的学习或其他活动表示关注的面部表情。这种关注不仅体现了教师对学生的关心、重视，而且也含有鼓励、褒奖的成分。经常运用这种面部表情，对于学生思维的发展及个性的形成都大有裨益。

二、教师课堂表情的要求

在课堂教学过程中，教师的面部表情是师生间沟通情感、交流思想、建立联系的有效"媒体"，教师可通过面部表情把某种难以或不能用语言表达的微妙、复杂、深刻的思想感情准确、精密地表达出来。所以蕴含丰富信息的教师面孔常常是学生最关注的目标。教师课堂表情主要有以下要求：

1. 真诚自然

发自内心的表情最能打动别人。苏联教育家马卡连柯曾这样告诫教师："要善于运用表情……不能单纯地作舞台式的表面的那种表情。要有某种的传动带，这个传动带应当把你们的完善的人格和表情结合起来。这种表情不是死板的表情，不是机械式的表情，而是我们心灵里所具有的那些变化了的真实的反映。"教师的课堂表情应该是内心活动与外在表现的统一。这样才能使学生看到教师表里如一的坦诚自然的真实形象，从而赢得学生的充分信任。不真诚的表情，面部肌肉不协调，给人以做作、矫饰之感，那样会失去学生的信任，从而干扰学生对信息的接纳。

2. 丰富适度

丰富是指教师的面部表情应该在亲切和蔼这一基调上富于变化。教师要随时把握课堂上出现的不同情况，恰当地运用多种面部表情。如对积极思考、努力学习的学生表示赞美，对扰乱秩序、违反纪律的学生表示生气，对偶发事件和反常情况表示惊讶等等。然而，面部表情的丰富并非人人具备。有的教师课堂上总是笑眯眯的，学生戏称为“笑面虎”，而有的教师课堂上总是一副冷若冰霜不可冒犯的面孔，学生名其曰“老阴犬”。这些单调乏味的面部表情往往会形成“情绪辐射”，难以有效地调节课堂气氛，影响了课堂教学效果的提高。

但是，教师脸色、脸形的变化不可过分、过频，要恰如其分，恰到好处，做到嬉笑而不失态，哀痛而不失声。有的教师喜欢运用流于“脸谱化”的表情，这往往会使学生对其所表达的信息产生怀疑。

3. 鲜明亲切

教师在学生面前应鲜明地表现自己的情感，否则，那种似笑非笑的晦涩表情会使学生难以捉摸，产生困惑，这便妨碍了信息的交流。教育心理学常识告诉我们，当教师在课堂上表情温和、平易、亲切时，师生间的角色差异给学生造成的心理压力就会减少以至消灭，并且使学生心理上产生一种轻松愉快、自然明朗的情感，形成积极的情绪和愉悦的心境。这样，不仅打通了师生间的情感通道，学生的思维之门也为之大开，从而形成良好的课堂学习气氛。

当然，良好课堂气氛的形成取决于教师多方面的能力，而教师运用温和、亲切的面部表情缩短师生间的心理距离是至关重要的。如果教师面孔冷漠，“老阴不晴”，甚至呵斥不断，则会使学生产生惧怕或逆反心理而妨碍师生的情感交流，阻碍学生的思维。

4. 与有声语言配合

教师的面部表情既能单独传递信息，又可以配合有声语言以增强表达效果。教学过程中，教师在讲述教材内容的同时，面部表情时悲时喜，时怒时乐，学生也会受到感染，渐入佳境，展开想象的翅膀，翱翔在知识的太空。尤其是在政治和文史课的教学中，如果教师在讲授某一政治观点和历史事件时，语言铿锵有力，面部表情却无动于衷，漠然置之，学生"听其言，观其形"，就难免要怀疑教师口中所讲的话是不是发自内心，是不是具有真理性，从而降低授课内容在学生心目中的可信度，减弱授课效果。

因此，教师在授课过程中，要针对不同的内容运用适当的面部表情。如讲授政论文时的严肃庄重，讲授抒情散文时的兴高采烈，讲授说明文时的稳重思辨等等，都会增进师生间的情感交流，产生良好的教学效果。应当注意的是，这种因教学内容的变化而引起的喜怒哀乐等表情应有理有节，有关情境改变后，应及时恢复到常态表情上来。

5. 注意反馈

课堂上，教师应在利用有声语言作用于学生听觉系统的同时，运用自己的面部表情作用于学生的视觉器官，以形成知识信息、情感信息对学生的综合性"多觉辐射"。特别是教师应当用自己面部的坚定信，随时告诉学生"我讲的内容正确无误"。如果教师在授课过程中，面部表情总是将信将疑、铁板一块，或者变化无常，势必引起学生的心理紊乱，从而使信息输入过程受阻。

学生的面部表情同样会传递不同的信息，如领悟的微笑，思索的凝神，不解的皱眉，无趣的心不在焉等等。教师可以从学生面部表情的细微变化中直接获取教学活动中反馈的种种信息，从而判断学生的心态状态和情绪体验以及对教学内容感知、理解的程度，及时调整自己的教学内容和教学方法。

〔**案例**〕朱自清先生早年曾在江苏省立第八中学教书，当时他讲的课程叫"讲经读经"。有一次，他讲《孟子滕文公章句上》，以抑扬顿挫的音调朗诵其中的一段文字：成覸谓齐景公曰、彼大夫也、我丈夫也、吾何畏彼哉、颜渊曰、舜何人也、予何人也、有为者亦若是（注：顿号处为朱先生读时的断句停顿处）。当朱先生诵读到此处，坐在前排的一位瘦小的学生皱眉轻轻摇了摇头。这一不经意的表情恰巧被先生瞥见了，他随即中止了诵读，轻轻走到这位学生跟前，以一种谦和的语气俯身问道："你有不同的'句读'法吗?"这位学生当即站起来说："朱先生！我以为您刚才有两处断错了，应该读成：'舜何、人也、予何、人也、有为者亦若是'。"先生凝眉沉吟片刻，觉得对方言之有理，便立即予以褒奖："此生断句精当，匡正了我的谬误。古人云，皓首穷经。而他在黄发负笈之时，就已有了切磋琢磨之力，离经辨志之功，比我强多了。真所谓'弟子不必不如师，师不必贤于弟子'……"接着又询问道："你叫什么名字?"学生回答："我叫余冠英。"先生微笑着说："希望你将来名副其实，成为群英之冠'。"这一番亦庄亦谐、奖掖后进的话使课堂气氛顿时活跃起来，师生间的距离一下子缩短了。在这以后，师徒二人感情甚笃，常在一起切磋学问。后来，余冠英终于成为在研究屈原方面有很高学术造诣的专家。

这段轶事多么令人感动。朱自清先生大学毕业后，有很扎实的句读功底，断句一时疏漏，学生指出来，他能当面纠正自己的错误，这才是学者的风度，求实的精神。这里，我们引用这个故事是想说明，教师要有敏锐的感受力和反应力，要重视并利用面部表情信息的回馈调整教学。

三、教师应予避免的面部表情

在课堂教学中，教师处在"众目睽睽"之下，教师的面孔直接暴露于学生面前，宛如一面展现教师各种心态的"屏幕"。因此，教师在运用面部表情时应有所避讳，以免产生消极效应。

1. 无表情

生活中任何一个正常的人不可能无表情。这里所说的无表情是指某些教师在课堂上面部表情看不出明显的变化，总是一张生硬古板的面孔。在这种情况下，教师的表情常常是严肃认真有余，而亲切自然不足。这种无表情教学的直接后果是使课堂上师生之间的心理距离增大，给学生一种疏远感、拒绝感。所以，它不利于师生之间心理关系上的相互吸引。

为什么会出现这种"无表情"教学呢？原因是多方面的。有的可能是出于教师的一种个性心理特点，个别教师由于生活煎熬，形成了这种表情定势；有的可能是因教师一时的紧张而表现出来的努力压抑喜怒哀乐的一种临时心理状态，这在初涉讲坛的青年教师身上常有所表现；而更多的则是由于受传统教育中"师道尊严"观念的影响，在这种思想的支配下，许多教师刻意追求表情上的威慑力，所以总是板着面孔，不苟言笑。其实，过于严肃的教师不可能得到学生发自内心的尊重，这种表面上的服从只是一种"敬畏"而非"敬爱"。无论何种原因，"无表情"都会在教育教学中产生消极效应，是教师应该予以避免的。因此，教师要克服"无表情"教学，努力培养应有的面部表情。

2. 表示愤怒

这种面部表情通常在学生违犯纪律时出现。面对违反纪律的学生，教师适当地运用严肃的面部表情加以制止是无可厚非的。但是动辄发怒，甚至失去理智，摔东西，对学生进行体罚或变相体罚，是教师职业道德所不容许的。

〔**案例**〕著名作家魏巍曾在他的散文《我的老师》中谈到了他刚入小学时发生的一件事：当时教他的有一位姓柴的老师，脸上从无笑容，手中常拿一根竹棍。有一天，小魏巍正歪着头看窗外的小鸟，冷不丁就挨了重重的一棍，顿时，头上就起了一个大血包。他哭着回到了家，发誓再也不去上学了。后来只是舍不得离开一位"温柔和美丽"、"从来不打骂我们”，并善于“排除孩子世界里的一件件小小纠纷”的蔡老师，才又回到了学校。几十年后，魏巍对此事记忆犹新，可见那位姓柴的老师对一个儿童造成的心灵伤害是多么严重。对比是鲜明的，如果没有那位美丽善良的蔡老师，我们今天可能就读不到《谁是最可爱的人》等佳作了。

众多事实表明，教师的发怒对于帮助学生认识和改正错误并无任何益处。教师发怒时，学生不仅紧张恐惧，而且会感到厌恶，有时甚至产生抵触情绪。因此，教师应远离发怒，极力避免发怒的面部表情。

3. 表示轻蔑

有些教师面对学生的某些幼稚举动，常以冷笑表露出不屑一顾的神情，有的甚至嗤之以鼻。这种表示轻蔑的面部表情不仅会给学生的心灵带来伤害，而且容易让学生产生被抛弃的感觉，所以教育教学中应极力予以避免。

表情互动是师生间感情交流的重要渠道，对于协调师生间的心理状态，促进情感谐振，优化课堂气氛，提高教学质量有着不可低估的作用。马卡连柯认为：“做教师的不能没有表情，不善表情的人，就不能做教师。”各种研究表明：教师的表情运用在信息传递中有着相当重要的地位。因为在课堂上，教师是学生的审美“趣味”中心。此时，教师的情态表达，往往有着“润物细无声”的效果。

师生间表情传递的渠道是多方面的，但我们可以从面部表情举一反三，根据教学的需要，再把表情加以艺术处理，使其达到最佳的组合，以取得最佳的教学效果。

第五节　会说话的眼睛

意大利艺术大师达芬奇曾说：“眼睛是心灵的窗口。”一个人眼睛瞳孔的大小、亮度的明暗、视角的仰俯、注视的时间长短等，都透露着丰富的信息。所以爱默生说："人的眼睛和舌头所说的话一样多，不需要查字典，却能够从眼睛的语言中了解整个世界。"教师凭借敏锐的目光，观察学生的行为，观察学生的表情，获取学生行为、表情中反馈过来的信息，一方面及时地调节教学内容，教学手段；另外一方面，又通过眼神调控学生的行为和情绪。教师在课堂上，在与学生的交往中，其眼神的灵活变化具有重要意义。

一、各种眼神的运用

1. 注视

注视是注意地看，较长时间的注视便成为凝视。对教师而言，注视是眼神运用中最有实效、最富有内涵的一种方法。恰当的注视，可以构建和谐的师生交谈氛围，进而对学生进行仔细的心理调查。尤其是在课堂上，教师的注视不仅可以得到教学的信息反馈，也能够制止部分或个别学生的走神和骚动，提醒学生注意听讲，同时还可以启发、鼓励学生大胆发言，打破课堂提问的冷场现象。因此，在进行因材施教、个别教学时，要特别注意运用好这种眼神。

注视的时间对课堂管理和课堂教学是十分重要的。每当教师注视学生的次数减少时，学生注意力分散的情况就加重。相反，教师多看学生，学生学到的东西也较多。教师们说，和自己对视较多的学生，他们的考试成绩也好些。

从注视的方式上看，教师与学生交谈时，不可漫不经心地眯着眼，因为这样会使学生觉得教师高高在上，这便失去了交谈的平等氛围。在这种情况下，学生的自尊心受到伤害，甚至会产生对教师的反感。在教育教学中，教师的眼神运用既要丰富，又要运用得恰到好处。关键是与表达保持一致，使学生从你丰富明快的眼神中，领悟到你所表达的起伏变化的语情语感，真正使眼神成为一条重要的信息传输渠道，以收到良好的教育教学效果。

2. 环视

环视是针对全班学生运用的一种眼神。上课铃响后，教师面对整个教室，环视全体学生，有组织教学的作用。在授课过程中，教师不时地环视整个课堂，既是维持课堂秩序、督促学生主动学习的一种有效手段，也是尊重学生的一种表示。教师的环视，可使全体学生都感到你在对他讲课，调动他们的参与感；个别不认真听讲的学生，通过环视也可以提醒他的注意，督促他认真听讲和学习。

教师的环视还经常用于提问之后。当教师提出问题后，如果一时没有学生回答，这时运用环视可以鼓励每一位同学开动脑筋、深入思考问题的正确答案。有的教师没有意识到这一点，提出问题后只把目光盯住几个尖子生，无形中冷落了其他学生，影响了他们的思考和学习的积极性，同时，也助长了有些学生的侥幸心理，以为老师反正不会提问他，从而懒于思考。

教师运用环视要注意遵循一定的线路，不能杂乱无章，也不能过于频繁。否则，眼珠不停地滴溜乱转，会使学生感觉老师的讲课内容不真实，或者以为老师上课不庄重、不诚实、不投入。另外，教师的环视虽不一定要看清楚每一位同学，但要照顾到教室的各个方位，并且要合理把握环视的速度。讲课前的环视不可过慢，否则会耽误太长时间；讲课过程中的环视可适当放慢，也可依据需要让目光在个别学生身上作短暂停留，但时间不宜长。

3. 巡视

巡视是指对部分学生的注视。教师一般把教室分为前后左右四个区，轮流注视。从速度上讲，巡视稍慢于环视，且巡视的频率也稍小于环视。但是，巡视的直接目的是为了消除教学死角，其作用不可等闲视之。

现实教学中，有的教师习惯于注视某一个地方的学生，甚至只看那些成绩好的学生，出现了一部分学生不能引起老师注意的现象，这就是所谓的“教学死角”。目前我国的教室一般采用方形座次排列，因此教学死角往往是教室内的四个角区，尤其是倒数一、二排的学生。课堂上一旦造成教学死角，则会压抑这部分学生的学习积极性。由于长期得不到教师目光注视，这些学生很容易形成思维惰性，有的甚至与教师在情感上产生隔阂。

避免上述现象出现的最好方法是加强目光巡视，教师要善于用亲切和蔼的目光主动地捕捉学生的视线，有计划地不漏过每一个学生。这样可以使学生感到教师意识到自己的存在，进而得到鼓励和信任，并且满足了学生自尊的需要，还能及时发现那些上课不积极主动发言的学生的动态，注意让他们参与教学活动，同时会缩短师生间的心理距离，学生也似乎感觉到老师对自己的接近、肯定，从而上课时更加集中注意力，并与教师密切合作。

二、目光的分配与交流

课堂上，教师的目光无论是运用哪种注视方法，都必须遵循两个一般性原则：一是目光分配要合理，二是要与学生的目光进行有目的的交流。

1. 合理分配目光

人的目光分配在一定程度上会受到自身生理机能的制约，教师也不例外。美国昂塔里欧学院的教育学博士约翰·克勒曾做过这方面的研究。他观察了19位教师在课堂上一刻钟时间内凝视时间超过30秒的注目方向，结果发现：教师平均用44%的时间直视前方，39%的时间与他右边的学生交换目光，而“光顾”左边学生的时间只有19%。造成这种现象的原因，可能是由于大脑机能具有不对称性。绝大多数人形成左脑优势，而一般说来，教师上课时主要是进行逻辑思维，即主要用左脑。我们知道，左脑趋于支配人体右侧活动。这样，教师“光顾”右边学生的时间多于左边学生的时间也就不足为奇了。

但是，这种现象不是不能改变的。关键是教师了解这一现象后要有一种意识，自觉地将目光加以合理分配，有意地使视线移动，尽量照顾到全班同学，把目光送到每一个学生身上，不要有“被遗忘的角落”，更不可把视线集中在一个点上。要让学生都感到教师在关注着自己，期待着自己，从教师的眼神里感到对自己的真挚和热情，从而调动学生的学习积极性，加深师生之间的感情。

许多新教师上课目光不能合理分配，甚至不敢用目光接触学生，这样不可能组织好课堂教学。解决的办法，一是事先认真备好课，做到胸有成竹。二是提前走进教室，让心先紧张地跳起来，并且在讲台上做些相关的准备，用自己的眼睛熟悉一下这陌生的环境，看看自己的合作者，跟他们多点目光接触，或者干脆走到学生中间，与他们相视而谈。这样一来，等到上课时心情已趋于平静。三是控制好开口讲话的时间、速度，不要过早过快，在外部表现不明显的前提下做点深呼吸。四是注意目光的投放点：既不能看着门口窗外，也不可盯着屋顶墙壁，最好的办法是把目光投放到倒数一、二排的位置。心理学研究表明，陌生人的目光是不能持续对视的，如果眼睛看着前几排的学生，必然会因强烈的目光对视而使人砰然心跳。

2. 加强目光交流

目光交流实质上是一种师生间眼神的“对话”。教师应该使自己的眉目语成为课堂氛围的“控制中枢”，在授课的过程中使自己的目光与学生的目光始终保持“对流”，并且随着时间的延续，不断有规律地移动自己的目光，同课堂上每一个学生的目光进行“交谈”。这样，既可以把握信息反馈，及时地调整讲授的内容、方法和速度，又可以随时以眉目语对学生施加影响：或赞许、或批评、或制止、或激励……以期在这种“对话”中实现教与学的同步进行，完成课堂教学的任务。

教师可以通过目光交流来控制学生分心。由于中小学生（尤其是小学生）的自控能力较差，课堂上常出现诸如嬉戏打闹、做小动作、偷看课外读物等违反课堂纪律的行为。许多教师遇到这种情况时，往往采用点名批评的方法来控制学生分心，但这种方法的结果往往是得不偿失。因为语言批评即使唤起了个别学生的注意，但教师的行为使大多数学生把注意都转移到受批评者身上，客观上反而分散了更多学生的注意。同时，这种方法既影响了教学进度，又伤害了学生的自尊心，是万万不可取的。面对学生的违纪行为，要及时再集中这些学生的注意力，较好的方法是运用无声的目光交流。当个别学生分心时，教师可暂时停止讲课，用目光给予暗示。

课堂上要针对不同情形采用不同的目光交流。对被叫起来回答问题的学生，教师切忌用怀疑的审问的目光，而应报以信任的目光和亲切的微笑。这样，可在相当程度上减轻学生的紧张感，使其充满信心，大胆回答。当学生答题不畅时，教师应用期待、专注的目光，使学生用心思索，力求回答准确，而不能显得不耐烦。如果学生的回答跑了题，教师的目光应带着安慰和惋惜，而不是取笑、指责，让学生下不了台。当学生的发言富有创造性时，教师应投以赞许、激励的目光，以激发他们的进取心，此时，一切冷漠和不屑一顾的目光是绝不允许出现的。

在课堂讨论时，出现分歧是难免的，面对这种情形，从老师眼里表现出的态度应是民主的、开放的，以推动学生积极思维、大胆阐述自己的见解，而不能用目光传递老师对某一方的袒护或压制。对于老师的讲解，学生有权提出不同的意见。对此，教师切忌以烦躁敌视或不以为然的目光相对，而应报以高兴、宽容的目光，以培养学生大胆质疑的习惯和能力。

三、克服目中无人的教学

所谓目中无人的教学是指某些教师在课堂教学中缺乏与学生进行视线交流的一种教学状态。它虽不包含有教师看不起学生的意味，但客观上反映了教育过程中对学生的忽视。其主要表现为，教师上课时眼睛不去看学生，不观察学生的学习情况，而是把自己的意识投在讲课内容方面：或是只看讲稿，或是看着窗外，或是仰视天花板，或是直视教室后墙。更有甚者，个别教师在课堂上老耷拉着眼皮，感染得学生昏昏欲睡，提不起精神。

产生上述情况的原因是多方面的。有些新教师初登讲台，缺乏教学经验，因而课堂上不敢正视学生；有些具有丰富教学经验的老教师，教材内容烂熟于心，在课堂上缓缓道来，因而忽视了学生，这在中学较为多见，因为这部分教师主观上认为中学生的自制能力较强；有些学究味十足的教师，双眼不离讲稿，偶然抬一下头，也等于是一篇文章中的标点符号，没有实质性的意义，这部分教师在中小学极少见，多出现在大学课堂上；另外，也有极少数责任心差的教师只是为了度过一节课的时间，也就无所谓教室中有无学生了。由此看来，造成目中无人教学的原因，有的是由于经验，有的是由于长期形成的教学习惯，也有的是由于职业道德的问题。

无论哪种原因，目中无人的教学都会失去教师对学生的吸引力，严重影响教学质量的提高。

从社会心理学角度看，目中无人的教学表情，有拒绝他人的含义。在角色知觉中，眼睛对视或视线相遇，会使人有一种双方都在向对方采取主动的感觉，两人对视意味着双方的积极交流和接受。因此，教师要想吸引住学生，就必须注视他们，并寻求与他们的视线接触、碰撞。

从获得知识的认识过程看，我们很难设想一节课上，师生双方的思维处于高度活跃状态，高潮迭起，却不存在来自双方的视线交流。一般情况下，教师走进课堂，教学过程刚开始，他的注意就处于一种分配状态。这时教师固然要注意教学内容，但更重要的还是要注意学生的学习情况，从学生那里得到信息反馈，这对于自制能力稍差的中小学生显得尤为重要。

教师必须对来自学生那里的哪怕是眼角眉梢颤动的细微情感流露，都应保持较高的洞察力，借此来不断调整自己的教学活动：什么时候学生的学习已经发生了困难，思维过程已不能与教师同步；什么时候学生学得津津有味，思维过程紧跟教师的思维展开……学生在课堂内的表现和状况，是教师步步深入地展开教学过程的重要参照点。教师要把知识内化到学生心理结构中去并借以形成他们新的认知结构，就不能不运用目光去搜索了解学生的即时学习情况。

由于眼神传递信息的丰富性，使它对学生心灵的影响最为显著、突出。教师应克服目中无人的教学，尽量发挥眼神的积极作用。教师的目光，应该亲切自然，和善友好，应该看着学生讲课，形成交流，切不可眼光无神，目中无人，而且还要善于变化。一个教师，口才再好，没有眼睛的捕捉和配合，势必得不到及时的有效的表达；没有眼神的传送和帮助，同样得不到完整的彻底的表达。一个眼神，替代了教师的千言万语，一抹眼色，包容了教师多少教化！

第七章 树人先育人

教育是什么？仅仅是传授知识吗？学生即使获得了再多的知识，如果不懂得做人的道理，那么教育就是失败的。教育要让每一个学生充分地把自己的潜能发挥出来，最大地实现自己人生的价值。树人先育人，教会了学生怎样做人，再让他们去学知识，这样的效果事半功倍。知识的传授只不过是育人的延续而已，学生接受了教师的育人思维，他就会从思想上转变去认真学习。

人生是一场马拉松比赛，起跑输掉几分钟并不是什么大不了的事情，关键是怎样稳健地跑到终点。在他即将跑到终点时，他能够像保尔一样说，我此生无愧了。这才算是成功的教育。曾有一位中国高考落榜生被美国哈佛大学录取并给予全额奖学金，哈佛给出的解释是此学生花了大量时间支援西部教育，社会需要这样的人。

第一节 教育技巧的奥秘

元代有个诗人叫元遗山（元好问），他的论诗三首中有这样两句："鸳鸯绣出从君看，莫把金针度与人。"意思是说，把美丽的鸳鸯图绣出了之后，就拿来请人欣赏观看。但千万不要把怎样绣出鸳鸯的方法教给别人，他把金针视为方法、绝技。胡适曾为文反对这种观点，提出应把后一句改为："且把金针度与人"。南开大学数学教授王梓坤也曾针锋相对地提出："金针还须度与人。"教育的行为有什么方法绝技？都是公开的秘密，前人都说过了不过很多人没有把它当成金针视之。

一、教育技巧的奥秘

夏丏尊说：“好像掘池，有人说四方形好，有人说圆形好。朝三暮四地改个不休，而于池之所以为池的水，反无人注意。”教育上的水是什么？就是爱。教育技巧的全部奥妙就在于爱护学生。

教师的爱对学生来说，是一团火，是一种力量，是开启学生心扉的钥匙，是激发学生潜在能力的催化剂，是扬起学生理想的风帆，是培养学生优良品德的阳光和雨露，它犹如春风化雨，滋润着学生的心田，能使学生心中美好的种子发芽开花。

1. 爱全体学生

教师对学生的爱，对教师来说，是教师的天职，是师德的内在要求，是关心我们祖国未来的力量源泉，是自己教育成功的内动力。只有把自己炽烈的爱奉献给学生，学生才有可能把自己的心扉向教师敞开。“投我以木桃，报之以琼瑶”，上课“唯恐聆听之不周，不知铃声之既响”，下课“其乐也融融”，这就为教师了解学生内心世界、发现他们身上的闪光点找到了桥梁、钥匙，为因人而异有的放矢做思想工作奠定了基础，为培养出各个领域、多种规格、多种水平、多样化的富有个性的人才提供了保证。

爱学生，应是面向全体学生。现代教育以“创造适合于每个儿童的教育”作为口号，强调最大限度地开发每个儿童的智慧和能力。美国现代著名教育家布卢姆的研究结果表明：学生的个别差异大多是人为的，偶然的。只要有了适当的学习条件，一个学生能学会的东西，其他学生都能学会。绝大多数学生在学习动力、学习速率和继续学习的动机方面将变得十分接近，也就是说90% ~95．9%以上的学生都能取得优秀成绩。这就为大面积地提高学习成绩提供了理论依据，而能成功的关键就在于因材施教中渗透着的炽热诚挚的爱。

2. 爱表现差的学生

表现差的学生，很重要的原因是他们缺少爱，他们往往是被冷落与遗忘的孩子。这类学生的自尊心往往处于压抑状态，常以扭曲、反常的形式做出“越轨”的行为。而有些教师又常常把这类学生列入“另册”，动辄就训斥、讽刺、惩罚、叫家长或甩手不管，致使他们因不堪失败的刺激和无力摆脱困境，而把仅存的一点学习积极性泯灭殆尽。

有经验的教师总是尊重、理解、关怀、鼓励和信任学生，用心灵的温暖去感化学生，经常找他们个别谈心，及时解决他们在学习、生活中的各种困难，做他们的贴心人，满腔热情地肯定每一微小的进步，并及时地给予尊重和鼓励。爱因斯坦说过：“只有‘热爱’才是最好的老师”。只要我们热爱自己的学生，每个学生都是能够得到发展的。苏霍姆林斯基也曾说过：“只有爱学生，才能使教育获得成功，而后严格才能使之成材。”可见理解和尊重学生，是教育成功的前提。

3. 爱要真情流露

爱的情感是衡量道德的最灵敏、最精确的天平。教师对学生的热爱是衡量其教育能力的一把特殊尺子。孔子曰：“爱之，能勿劳乎？忠焉，能勿诲乎？”这表明师爱是具体可感的。有了具体可感，是否就是有师爱了呢？答案并不那么简单。

〔**案例**〕一位老师上课时发现一个学生未到，焦急地自语：“小张怎么还没来？”一次又一次到门口张望。久不见学生身影，老师诚恳地向大家道歉：“耽误了大家时间。”从老师焦急不安的神情中，同学们触摸到了老师的爱心。后来小张得知此事，感动得热泪盈眶。另一老师仿效之，课后却有同学不满地说：“老师搞什么名堂，大概是没备好课，靠这两分钟准备准备吧？”被等的那位同学也气愤地说：“这纯粹是当众出我的洋相。”

〔**案例**〕一位青年教师对一位有几十年教育经验的老教师的讲课进

行了观察。发现，每当打上课铃时，老教师总站在门口慈祥地看学生鱼贯而入。若有学生玩得满头大汗跑着进教室，老教师便在他肩上轻轻一拍，作用非常神奇：此学生马上就镇静下来，安心听课。一青年教师见状，如获至宝地把这一诀窍搬到自己班里用，结果非常糟糕，凡是被他拍过的学生，上课都烦躁不安，十分钟后都冷静不下来。

同是“等”，同是“拍”，为何效果竟如此不同呢？深究原因，主要是平时的师生感情在起作用。一个平日与学生冷漠、疏远，在师生双方缺少感情沟通的情况下，冷不丁地使用“等”、“拍”方式，只能使学生产生猜疑心理。其实，要建立亲密的师生关系，没有必要装腔作势或生搬硬套，只要自然的、发自内心的流露出真诚的爱就可以了。

二、教育效果的关键

教育确实是一门艺术。不少优秀教师共同的一点感受是：1+1+1。即宏观来讲，社会、家庭、学校这三个“1”互相配合；就学校内部来讲，教书、管理、服务这三个“1”互相配合，其效果比其各行其是的效果要好得多。可我们是一个教师，统筹三方难免会感到力量单薄，怎么办呢？办法是人想出来的，只要多开动脑筋总会悟出一些方法来。

1. 教师群体是提高教育效果的根本

假如你是一个班主任，想抓好一个班，仅靠自己的力量是远远不够的。必须把任课教师组织起来。一位任课教师上课，学生不遵守纪律，气呼呼地去找班主任，“看看你们班，怎么这么乱，你可得好好管管了！”班主任听了，很不满意地说：“我上课怎么没事，怎么就你上课乱，你可得改进改进教学了！”这样矛盾下去班级工作是搞不好的。所以班主任一定要依靠教师群体的力量去提高教育效果。

我们主张召开“班级教导会议”，每学期两次，由班主任召开，让所有带这个班科目的老师都参加。班主任和任课老师在一起分析这个班学生的状况，共同研究教育措施，让每个任课老师都出谋划策，然后分工合作，密切配合。班主任和任课老师拧成一股绳，形成一个合力，这个班的工作就好搞了。

当然班主任要主动把自己权利赋予任课教师，向学生宣布，任课老师和班主任一样，要做学生思想工作，要家访，要参与班级工作，评三好时任课老师要与班主任共同研究，写评语时任课老师要参加意见，开家长会时任课老师要同家长汇报学生在任课课上的表现……这样以来，学生就意识到任课老师也是“班主任”，不听任课老师的不行，任课老师也都把自己当成“副班主任”，班级工作就好做了。

2. 家长是提高教育效果的基础

教师要离开家长这个助手是很难开展工作的。如果我们不做家长工作，家长就会有意无意地起到拆台的作用。

〔**案例**〕一个小学，老师给同学们讲雷锋的故事，说雷锋在旧社会受苦，地主拿刀砍雷锋的手……孩子听了很受感动，回家把故事讲给爸爸听，说：“地主可坏了，拿刀砍雷锋的手……”爸爸听后说：“我告诉你，你小心点，你不听我的话，我也拿刀砍你的手。”孩子愣然了。

〔**案例**〕一个小学，星期六老师带同学们去学雷锋，孩子刚一出门，爸爸嚷道：“上哪去！又上哪里野去！”孩子说：“老师带我们学雷锋去！”“学雷锋？你也不看看你那德性，就你这样的还学雷锋哪，学马蜂吧！甭去了，给我‘看摊去’！”孩子进退两难，无所适从。

像这样的情况，当老师的经常碰到，家长并不是有意拆学校的台，但如果不注意就可能无意中拆了台。所以我们必须抓家庭教育，我们是面对一代人要教育三代人。抓了家庭教育我们可以有几十个帮手，不抓家庭教育就有可能多一些对手。

现在有些教师不注意家访，有一点小事就打电话把家长请到学校，这很不好，时间长了家长就会反感，我们应主动去家访。家访和不家访大不相同，我们到学生家去看看，好多问题就清楚了，教育方法也就有了。

有些教师对家长不够尊重，这个问题必须要重视。过去是当着家长批孩子，现在是当着孩子批家长，“你是怎么教育你的孩子的？你的孩子偷东西，这与你们家长的影响有关哪！”这么一来，家长就不愿配合了。所以教师一定要尊重家长，我们有向家长宣传教育思想讨论教育方法的义务，但是没有侮辱家长人格的权利。尊重家长，得到家长的主动配合，学生的工作就好做了。

3. 重视团队和班委会的工作

强有力的班委是班集体的核心和顶梁柱，若班主任老师领导得法，将成为老师的得力助手。

〔案例〕无锡市第一中学钱兆瑚老师很善于用将，他放手让班干部各行其职，必要时自己只当一个“场外指导”。有一次学年结束前，他有要事外出，临行前将下学年班级工作的打算向大家作了交代。结果全班同学在班主任外出的情况下民主选举班委会、团支委，并进行分工，然后订出比较具体的工作计划。事后，钱老师得知，很高兴地知道学生成熟了，完全有能力把班级搞好。

钱老师对班委会、团支委的干部说：“你们喜欢什么样的活动就去搞，要敢想敢做，不要怕这怕那，不要有顾忌。有许许多多你们喜欢的活动，就怕你们连想都不敢想。只要你们注意，一是不让坏思想侵蚀你们的心灵，二是保证好好学习，三是注意安全。只要不忘这三条，你们可以大胆地去干。”干部听后壮了胆，新学年一开始，就自己设计活动方案，自己组织开展活动，自己管理自己，实行自我教育，班里的一切日常工作有条不紊。这样，学生们潜在的能力得到发掘，同时良好的班集体也随之出现。

钱老师曾对班级工作促进同学们的兴趣、才华发展的情况进行调查，结果78%的同学认为原来特有的兴趣爱好得到了“发展”，74. 9%的同学认为自己的才华得到“初步发挥”。

事实表明，亲自参与的事就有义务感、责任感，可以提高学生的努力程度和增强工作兴趣，而责任感是推动人去克服困难、提高心理投入程度的巨大力量。

三、树立学生观

教师的学生观，是教师教育教学的体验，是教师世界观的重要组成部分，是教师职业素质的特点和性质的反映，是处理师生关系的准绳。因此，它是教师修养的一个重要内容，是教育成功的首要条件，也是教育技巧的根本。

1．学生的基础是有很大差异的

在教师的教学生涯中，我们常遇到同一年级同一年龄而千差万别的学生。课堂上，活跃的是思维敏捷、对答如流的学习尖子；运动场上，获奖的是蹦蹦跳跳、摸爬滚打的好动分子；文艺演出时，能歌善舞者独领风骚；书画展览时，挥毫泼墨者走笔纸上……这些才能兼而有之、样样出众者固然有，但毕竟不多。别看有些学生上课、考试得不了高分，运动场上却是令人叫好的高手。如果我们光用考试分数来断定一个学生的好坏，那么相当多的学生将被排斥于“好者”之外，还限制了学生的个性特长正常发展。

教育的目的，不只是为了考高分升大学，教育的根本目的是提高学生素质。当代瑞士教育心理学家皮亚杰的名言很精辟，“教育的艺术就在于把每一个儿童的先天的禀赋、潜在的才能最敏锐地发现和最大限度地发掘出来。”我们的社会需要多种多样的人，学生身上的不同禀赋、才能都应予以鼓励、支持和培养。承认差异，坚持因材施教，是不拘一格育人才的前提。

在教育艺术中，我们的教师往往忽视了利用学生的差异来教育学生促使学生进步的杠杆。就拿课堂教学来说，学生各种条件的不同，决定了他们在课堂学习过程中表现出来的现象有种种差异。这种差异，既是学生知识、能力、智力以及人格心理素质发展状况的反映，也是教师诱导他们认识自我、分析自我、评价自我、发展自我的依据。进一步，则是使学生对此种差异的认识、评价、体验成为他们完善自我的一种强大的动力。

要利用学生的差异，使每个学生不断获得学习的动力，可以这样利用这根杠杆：在学生未看到自己学习过程、学习方法、学习结果与同龄伙伴之间的差异时，要诱导或创设情境使他们发现种种差异，当他们感知、认可、理解、体验到差异时，想方设法让他们自己去缩小或消除差异。在学生未看到自己的优点与他人比较中的差异时，要诱导或创设条件使他们发现差异，从而利用学生自己的优点与他人优缺点的比较来感知、认可、理解、体验其间的差异，让学生的优点去影响他人的缺点。大量实践证明，利用学生的差异是对学生进行教育的行之有效的方法。

教师应承认差异，从每个学生的实际出发，从他们的个性特点出发，将社会需要和学生自身发展的需要结合起来，帮助他们去实现自身的目标。

2. 学生是会发展变化的

中小学生年龄小，在生理上和心理上尚未成熟，我们不能用成人的标准看待他们，我们应该允许他们犯错误，允许他们改正，也要允许他们有反复。我们应认识到他们是未成熟的人，才能在他们犯错误的时候给予一定的宽容，才不至于急躁，才能更理智地更公正地处理问题。

学生是未成熟的人，他们在学校接受教育的过程中，免不了出现这样那样的缺点和错误。“人非圣贤，熟能无过?”更何况他们还是孩子。有时候你认为他们做了很“过火”很“越轨”的事，甚至好像闯了大祸，已经“不可救药”了，其实或许那正是一种难得的“天真”与“可爱”，想想你自己的“小时候”，看看一些伟人的“小时候”，或许你就会理解了。

学生虽然未成熟，但他们终要成熟，这说明他们需要我们去培养、教育，每个学生身上都蕴藏着巨大的潜力。我们应把学生看成是一座金矿，在等待着我们去开发。即使是后进生也有很大潜能。后进生并不是全面后进，他们的才能可能表现在另外一些方面，并非不可救药。就是他后进的这个方面也不是一成不变的，后进是暂时的，有了适当的外因条件，加上自己的努力，后进是可以变成先进的。

我们不能只用分数衡量学生，也不能只用淘气不淘气来评价学生，要看到学生是发展中的人。事实证明，往往是那些淘气的孩子潜力更大。有些淘气的学生是因为他能量大没处释放，又没得到正确引导，于是释放到淘气上了。有些孩子思维灵敏，独特，总爱给老师提些怪问题，于是老师斥之为不听话，不守纪律，成心捣蛋，狂妄。其实这正是他们的优点，只不过是用“淘气”的方式表现出来罢了。因此，我们不能只用是否听话来评论学生好坏。听话，是优点，我们需要培养学生服从领导，踏踏实实的精神，但“不听话”就是缺点了？丝毫没有自己的独立见解，人云亦云，只能是唯唯诺诺的庸才，不会成为创造性人才，不会成为国家的主人。

正因为孩子未成熟，才需要我们教育者进入他们的世界，去探索孩子们心灵的奥秘，去引导他们变化、成长。苏联教育家苏霍姆林斯基曾对 3700 名学生进行过细微的观察和研究，对 178 个“最难教育”的学生倾注了大量的心血，终于把 107 个学生培养成了合格的学生，可见学生不是定型不变的。学生变成什么样子影响因素很多，但对教师来说，关键在于你投入的可变因子，创设的变化条件是否足量。

3. 学生是社会的成员

学生是社会的成员，是受社会方方面面影响的。21 世纪的学生的思想特点、所受教育内容必然不同于上世纪的学生。现在的中小学生，不仅经历着个体内部生理、心理的剧变，而且在个体外部还经历着社会环境的剧变。他们在两个剧变的交汇点上，构成了他们的动态个性。我们要把握住这一动点运动的轨迹，迎接当代中小学生来自教育方面的新挑战。

过去，教师不仅在人生阅历上比学生要丰富，而且掌握的知识也比学生多得多，学生求知的渠道仅限于课堂上，因此教育起来得心应手。如今，社会生活急剧变革，新旧体制相继交替，社会思想纷繁复杂，新旧观念矛盾冲突，甚至教育者也常感难以辨别是非，把握方向。当今科学的迅猛发展，新知识，新信息接踵而来，一切新事物的出现师生同时看到。“闻道”没有了“先后”，难以“传道”“解惑”。特别是当今学生接受知识、信息渠道甚广，学校已不再是学生求知的唯一根据地。不少时候，不少地方，学生懂得的比老师还要多。

面对现实，我们只有认真地去研究学生心理的社会化、人格化和个性化，必须了解他们对五彩缤纷的世界的拥抱和思考，寻找教育要求与学生精神需求的结合点，为教育创设良好的育人环境。

苏霍姆林斯基研究了3700名学生后得出了这么一个结论：“每个孩子都是一个世界，完全特殊的、独一无二的世界。”为探索每一个“完全特殊的、独一无二的世界”，苏霍姆林斯基付出了惊人的血汗和毕生精力。这种锲而不舍的探索精神，正是我们在教育领域里追求成功所必须具备的。在教育过程中，我们若也能像苏霍姆林斯基那样沉到学生中间，把几个“风云人物”作为自己观察、调查、研究的对象，从他们的曲曲折折的动态轨迹中，掌握其第一手资料，摸索其内在规律，那么我们也可以在新形势下，在学生表现出新特点的新课题中，找到开锁的钥匙，摆脱被动局面，取得成效。

4. 对学生一视同仁

在现实生活中，我们往往会对成绩好的尖子生偏心，而对学习成绩差的后进生冷淡；对能表现出一技之长的儿童偏爱，而对看去毫无特长的孩子冷漠；对温驯听话的“绵羊”偏护，而对淘气捣蛋的“猴头”冷遇……由于偏爱，我们往往看一部分学生长处多而忽略他们的缺点。

结果对他们是表扬多批评少，使用多教育少。

久而久之，他们便成了班里的“特殊公民”。那些学习尖子就不自觉地滋长了虚荣心妒嫉心，骄气十足，自以为是，目空一切。那些有点特长的学生，就会过高估计自己能力，作风横蛮，心胸狭窄，听不得一点批评。“绵羊”学生就会更加唯唯诺诺、谨小慎微，“缺钙症”更加明显……

相反，一部分学生受到疏远、冷遇、歧视，自卑感增加，积极性受到进一步挫伤。本来就缺少特长的学生会更加抑郁寡欢，或藏身人后或蹲于角落，甘心郁郁久居人下。

教育者必须辩证地看待每一个学生，既要看到每个学生的优点（包括差生），发挥其积极因素，又要看到他们的这样或那样的缺点（哪怕是最优生），克服其消极因素，促使学生品德的转化。那种肯定一切的观点或否定一切的观点都是唯心的形而上学的。对好学生和差学生一视同仁就是一样对他们有同情心和友爱心。

第二节　教师的身先垂范

身教重于言教，“学高为师，身正为范”的古训在当今教育中具有重要的现实意义：教师一身正气、品格高尚，可以感染学生“亲其师”而“信其道”，进而自塑完美人格；教师勤奋工作、专业精深，可以激发学生发奋进取，自强不息，追求美好理想；教师襟怀坦白、宽容大度、个性鲜明，可以影响学生心理健康发展；教师情操高雅、言行文明、热爱生活，可以促进学生形成优良的品质和正确的世界观。

布鲁纳说：“教师不仅是知识的传播者，而且是模范。”由于教师所处的特殊地位，决定了教师的“身先垂范”对学生思想的影响既是直接的、潜移默化的，也是深刻而难以磨灭的。教师要以先进思想、高尚情操、模范行为影响、感染、教育学生，培养学生良好的思想素质，这是以实践带动教育，以教育促进实践。

一、教师的“身先垂范”不可忽视

教师不仅要向学生传授知识和技能，要培养学生的各种能力，更要陶冶学生的情操。既授业又育人，是社会发展向教师提出的要求，也是教师从事教学活动的实际落脚点。

教师对学生的思想道德品质的积极影响是多途径的，而且这种影响往往比有目的性的教育教学活动对学生的影响更加深远。教育家乌申斯基曾说：“教师个人的范例，对于青年人的心灵，是任何东西都不能代替的最有用的阳光。”但无论是过去，还是现在，许多教师忽视了自己的“阳光”作用。认为自己的职责只是解读文本、传授技能、提高成绩、追求升学率等等，至于其他诸如品行、习惯、心态、原则之类，则可以采取一些请优秀学生、模范人物作报告，讲古今中外英雄人物的事迹，看思想性较强的影视片、书籍等等方法来完成。

虽然这些方法会对学生的思想产生一定的影响，让他们受到一定的教育，但是，在一部分学生看来，这些教育内容的美丽崇高是“他乡明月”，太遥远了，人家是英雄，模范人物，自己要达到那种高尚的境界，只能是望洋兴叹而已；或者觉得那只是特例，是生活的个别，缺乏亲近感，少了“同情”度；有的学生甚至会认为那只不过是虚构的、经过装饰的，即使是真的也是“掺了水分的”。所以往往是听的时候倒是能激动亢奋一下，但是，当“时过境迁”，被那些“激情燃烧”的热度消退之后，又会在一些生活习惯个人利益问题上表现出思想“复原”。教师也往往在这个时候就会发出“不可救药”的感叹，却没有意识到自己的言行形象对学生一样可以起到榜样教化作用。

学生对认知方法的掌握、对是非的辨别、对社会的看法，常常是从教师身上取得第一印象的。他们受了理论形式的教育之后，也往往首先是以教师的言行来加以验证的。如果我们把一个“参照物”摆在他们面前，做他们的示范、表率，那么，情况就会大不相同。显而易见，这个“参照物”就是教师。一个充满爱国主义激情的教师，其学生怎能不被那洋溢的爱国激情所熏陶？一个乐观向上、敬业有为的教师，对学生怎能不产生巨大的榜样力量！教师严谨的治学风格和实事求是的教学态度、公正无私的人品，本身就是一种巨大的教育力量。

二、教师应如何做到“身先垂范”

1. 完善自我人格

陶行知先生认为真正的教育要“以人教人”。而“学校无小事，事事有教育；教师无小节，事事做楷模。”在中小学，学生往往把自己崇拜的教师作为学习的榜样，模仿其态度、情趣、品行，乃至行为举止、板书笔迹等，他们往往从教师的言谈举止中受到启发而填充自我性格，被教师的品行感召而完善自我品德，甚至会因教师在自我心目中的威望而把其作为自我人生追求的目标和范式。

教师对学生的影响作用，就不仅仅取决于教师主观上想怎么样，还要看教师自身是什么样了。教师要按什么样的教育思想来培养学生，首先就应依照这种教育思想来要求自己，完善自己，使自身成为这种教育思想的具体体现者。教师想把学生培养成什么样的人，教师自己就应该先成为这样的人。这样一来，教师对学生的教育作用就通过自身的形象、人格魅力对学生的感染、熏陶、感化得以实现，就能促进学生在“知、情、意、行”各方面产生积极的变化。

“智慧要靠智慧来启迪，良心要靠良心来熏陶，对祖国的忠诚要靠真正的为祖国服务来培养。”所以如果要做到“身先垂范”，教师的言行举止就要“随时检点”和“从严要求”。所谓“为师之道，端品为先”。

不管有人还是无人，行动都是表里如一；不管面对什么样的学生，都能赋予公正的爱；不论身处顺境还是逆境，都能有平和的心态、创造的激情。这样的人格才是真正有魅力的人格。

2. 感性与理性有机平衡

感性和理性好比人的两条腿，缺一不可。两条腿走路是要讲平衡的，所以，教师要善于调整自己的感性和理性，使自己经常处于健康的平衡状态。记住凡事过犹不及，当火冒三丈的时候，就要用理智来压一压；当极度压抑、程式化、功利化、冷漠无情时，就应该释放被压抑的感情，要有意识地培养自己的对学生对工作的丰富的情感。

人非圣贤，孰能无过？即便是圣贤也不能永远正确，何况教师也是普通人，也要柴米油盐娶妻生子地过日子，所以不可能要求每个教师都完美无缺，永不犯错。只不过，在大多数时候，特别是考虑到自己的职业特点，自己的理智与情感要能比较适当地发挥其作用。童话家郑渊洁说到家长教育小孩的注意事项时，有一条就是，不论家长爱不爱看书，只要是小孩在自己面前，自己手上就要拿一本书装样子。这当然有点夸张，但一个学生就曾经说过："我妈她自己有空就打麻将，一点都不上进，凭什么要求我这样那样！"

家长教育孩子所面临的问题，教师也一样会碰到。教师可以不一定很完美，但至少在学生面前所表现出的应该是最美好的一面。这不能跟虚伪或虚假混为一谈，因为教师这个行业本身就兼有表演家、演说家、辩论家、学问上的杂家的特性。出于教育学生向善的目标，抑制或摒除阴暗面，放大或重建阳光面，本身也是一种理性与感性的有机平衡。

实际操作中，大家可以遵循下面这样几个"不论"原则：

（1）不论自己的境况多糟，对学生都要洋溢激情

教师同其他人一样，工作和生活中少不了会遇到烦恼的、悲伤的境况，受委曲了，遇挫折了，家里"内讧"了，亲人谢世了……不论自己处于多糟的境况，当你走进教室，当你面对学生的时候，都要及时地调

整心态，在学生面前呈现出愉快乐观的心情和阳光明媚的笑脸。快乐可以感染快乐，忧愁可以渲染忧愁。教师没有理由在学生面前摆出“苦大仇深”的面孔，没有理由把自己一时的烦恼、忧愁、伤感渲染给学生，更没有理由把自己的不快发脾气转嫁给学生。

（2）不论学生的成绩有多低，都和成绩好的学生一样平等对待

据有关教师人格特征的调查，在学生的眼里，“公正客观被视为理想教师最重要的品质之一。”学生最希望教师对所有的学生一视同仁，不厚此薄彼。作为教师要多一点教育面前人人平等的理性，多一点仁慈的感性，这样才能促进教育质量的全面提高。当要轻率地给学习落后的学生下结论，简单地评价他的智力有问题时，至少有个声音能对自己说“不”！教师只有为学生创设一个民主平等的学习氛围，用言语和行动表现出一种尊重，才能激发学生对自我的信心以及对前途的憧憬。

（3）不论自己有多忙，也要做学生的“及时雨”

只要是学生需要，就要做他们的引路人、解疑人、心理导师……甚至放下架子跟他们拉关系交朋友。即便学生没有流露出迫切需要帮助的表情或言辞，但教师也要做一个有心人，细致细心，乐于与学生“打交道”。教师自己要有开阔的知识面、乐于探索接受新鲜事物的心态，扎实的专业功底、艺术化的课堂教学质量；同时还应具有热情、真诚、幽默、洒脱、虚怀若谷、处变不惊等优秀品质。学生会主动的想接近这样的教师并愿意和他（她）成为朋友。要变“训话”为“对话”，变“讲授”为“交流”，多一点感性个性，让学生在一个宽松自由的空间健康成长，充分发展自我，充实自我，成为个性鲜明鲜活的个体。

（4）不论学生犯多大错误，都要能换位思考，理解在先教育在后

不论是课上还是课下，师生之间的“换位思考”是理智地解决问题的关键。知其所想，给其所需，遵循因材施教的原则，采取适合学生心理特点和接受能力的教育方法，才是学生最为欣赏的也最容易接受的。当学生出现问题时，在准备指责发怒之前，用理智控制一下自己的情

绪，只要不是原则性错误，都最好不要动辄批评、惩罚、告学校、请家长。点到为止地艺术化地批评，反而能化“危机”于无形。

第三节　因人因时因地制宜

教师无论采取哪种方式教育学生，都要考虑四个方面：人、时、地、利，即教育对象、教育时机、教育场合、教育目的。具体地说，教育学生要根据学生的个性特点、谈话的时机、谈话的地点来决定采取何种教育方式达到教育的目的。

一、因人制宜

只有仔细调查，认真分析，熟悉学生的个性特征，并且掌握学生思想状况和情绪变化，维护学生的自尊心，有针对性地措辞表达，教育学生才能有良好的效果。教师在教育教学过程中，针对不同的学生，如自尊心强的和自尊心差的，学习好的和学习差的，性格外向的和性格内向的，骄傲的和谦虚的等等，都要注意有针对性地采取不同的语言行为，以求收到理想的效果。根据心理学的知识，把学生分为四种类型，针对不同类型的学生，教师应采用不同的语言来说服教育学生。

1. 性格调皮、专横，大大咧咧的学生

这样的学生直率、热情，精力旺盛，但情绪容易兴奋冲动，脾气多暴躁，行为易改变，缺乏耐性。对这种气质的学生，教师要用情去感化他们，要从学生切身利益出发，渐进式地交谈。否则他们会即刻把锋芒指向批评他们的人。因为他们的防卫心理特别强，当他们情绪激动、脾气爆发时，应该避其锋芒，想办法使其稳定情绪，然后采用谈心的方式，耐心交流。采取表扬——批评——激励的疏导方式。寻找他们身上的“闪光点”，引导他们认识自己的错误和缺点，把批评信息逐渐传递给他。同时注意给予鼓励和信任，使他们认识到控制感情的必要性和控制感情的科学方法。这样，可以使他们成为既积极热情、生气勃勃，又不鲁莽、义气行事的人。

2. 性格开朗、活泼、爱说爱动的学生

这样的学生活泼好动，精力充沛，反应迅速，善于交际，易适应环境，兴趣和注意力易转移。对这种气质的学生要注意培养他们踏实、坚韧、耐力等个性品质。平时要严格要求他们，避免自由化。这类孩子思维活跃，反应灵敏，自我表现欲和交往能力也较强，但自控能力差，做事没有耐心。对这类孩子应采取高标准、严要求的方法，教他们认真地做每一件事，并善始善终。这类学生接受道理快，表态快，但也忘得快。经常表态，经常犯错误。这类学生，和风细雨、轻描淡写式的批评已经不能让其警惕，对其严重的错误必须要严肃指出。这类批评措词要尖锐，语调要激烈一些，但绝不能讽刺挖苦、肆意辱骂，同时也要适当注意学生的接受能力，只要达到警醒学生的目的即可。这样，可以使他们逐渐克服轻浮散漫、行为草率等弱点，也不伤害他们的自尊心。

3. 性格温柔、听话、沉稳的学生

这样的学生安静稳重、沉着冷静、善于忍耐、情绪一般不易外露，但沉默寡言、反应较慢、不够灵活，不善交际。对这种类型的学生，要防止他们形成懒惰、冷淡、封闭自己和不思进取的个性品质。要注重培养他们敏捷、勤奋和进取的精神。引导他们多与同学交往，消除心理障碍。遇事不要急于逼他们表态，多给他们一些思考机会。这类孩子自尊心强，有主见，做事有条理、认真，但是很爱面子，做错了事不能当面批评，否则会伤害他们的自尊心。这种气质的学生应采取启发式的教育方式，多用暗示或提醒的方式，使其认识到自己的不足，促使自己改进缺点错误。对这类孩子宜采取多鼓励、多表扬、少批评的方法，细心体察孩子的变化，任其解释自己的新发现，从一点一滴着手培养孩子的探索意识和创造意识。

4. 性格孤僻、胆小、不爱说话的学生

这样的学生细心谨慎、较敏感，承受力弱、较孤独、多愁善感、行动迟钝，优柔寡断。所以这类孩子比较稳当，做事不易出错，专注力强、听话，但他们不爱交往，自我表现欲不强，不愿把自己的想法告诉别人。对这类学生首先应该在感情上关心和信任他们，要多接近他们，善于走进他们的心灵，使他们愿意说出心理话，应注意培养他们自信和自强精神。对这类孩子应采取欣赏的方法、多亲近他们，给他们创造与别人交往、在集体场合说话的机会。鼓励他们和群，使他们体会到集体的温暖，从而克服忧郁、猜疑、多愁善感的消极心理。促使他们成为情感深沉而稳重的人。对这种人的批评应注意，不要在公开场合严厉批评他们，避免伤了他们的自尊心，出现意外后果。

每一个学生都是一个独立的、鲜活的个体。因此，教师在工作中要注意因人施教、对症下药，这样才能取得事半功倍的教育效果。

二、因时制宜

捕捉教育时机，把握教育火候，效果将事半功倍。一般情况下，当学生知错认错，试图改变，需要帮助时；当学生犯下错误，已经自责，需要谅解时；当遭遇不幸，悲痛万分，需要安慰时；当内心抑郁，愁绪满怀，需要排遣时；当取得成绩，满心欢喜，需要认同时；当遇到麻烦，一筹莫展，需要指点时，这些均是与学生谈话的最佳时机。过早，时机不成熟，“话不投机半句多”；过迟，事过境迁或事态已扩大，于事无补，悔之晚矣。

1. 掌握时机

教师的教育工作有时也是要抢时机的。比如说，初中学生常常有这样的特点，初一初二时比较糊涂，乱七八糟事情也挺多，但到了初三，大多学生会一下子开始懂事了，学习也比以前认真很多。但是当有些学生明白过来的时候，发现已经来不及了，他以前的基础太差，而马上就要面临中考，再想努力但时间已经不够了。教师如果能够充分认识到这个规律，便会事前做好充分的准备，让学生在没有幡然醒悟之前在学习上尽量能够跟上，不要落下太多。并且在初三来临之前注意做学生的思想工作，使得学生在醒悟之后认识到仍然有充足的时间把功课赶上。

2. 等待时机

教师都有这样的体会，同样的话语，不同的时机说效果是不一样的。教师苦口婆心地劝告不及学生自己去碰一次壁，“不听老人言，吃亏在眼前”，等到学生自己吃到苦头之后，你再去劝告他便会听进去了，他知道你讲的是有道理的，是为他好并且是对他很重要的东西。因此，教师要等待这样的机会出现，一旦有了这样的机会，便不要放过。表扬学生也好，批评学生也好，也是有一个最佳时机的。

学生正骄傲的时候，不要表扬他，等到他信心失落对自己产生怀疑的时候，教师的表扬就显得珍贵了；学生有情绪的时候，不要批评他，等到他冷静下来，认识到自己错误的时候，再严厉的批评学生也能听进去。在做后进生工作时，教师尤其要有耐心，学生的成长过程不是均衡的，平稳的，而是跳跃式的，有一个量变到质变的过程，教师要等待的就是量变到了一定程度，及时地使学生产生质的提高。

3. 利用时机

在学生每天的学习生活中，也会有大量的事情发生，其中有些事情教师如果好好利用，便是非常好的教育时机。比如说运动会的比赛，全班都参与了，这便是一个很好的集体主义精神的教育时机，教师可以给运动员打气，组织女生结成拉拉队加油鼓劲，组织没有比赛任务的学生端茶送水，让他们也参与到集体活动中来。比赛完了之后要及时总结，及时鼓励和表彰。总之，教师如果充分动脑筋，把一些大家看似平常的事情做足文章，会产生非常好的教育效果。

4. 创造时机

教师在与学生的谈话中常常要用到这样的方法，尤其是在做学生的思想工作，而学生思想有顾虑或因其他种种原因不愿配合之时，教师不宜开门见山，而要闲聊一些别的话题以拉近师生之间的距离，等到学生的戒备消除了，情绪缓和了，师生感情融洽了，再慢慢进入主题，或许会有好的效果。在教学法中有一类叫做情境教学，其原理是努力创设适合教学目的的情境，学生在适当的情境中会很轻易达到我们的教学目标。

时机紧迫要争取时机，时机未到要等待机会，有机会要利用机会，没有机会要创造机会。这便是我们对待教育时机的态度。

三、因地制宜

在什么场合下，教师与学生对话才有效果？教育场合包括场地、围观者或旁听者，这些因素都会影响谈话的效果。选择场合要注意场合能协调教师与学生之间的关系，场合能构建和谐的氛围。充分利用场合中的有利因素，扬长避短。教育学生不能伤害学生的自尊心，更不能当众揭露学生的隐私。民间有“人后教子”的说法，讲的就是批评教育孩子要避开众人，切忌当众训斥。

1. 在课堂上

课堂教学中学生往往会出现一些消极的行为，一种情形是看课外读物、思想开小差等，它主要是影响了学生个体的学习。另一种情形则是嘈杂喧闹、戏弄同学、顶撞老师等，它会明显地干扰课堂正常的教学秩序，还有一种情况是学生无精打采，也很影响老师的情绪，但是教师上课时常常又很难在短时间内将其直接转化为积极的行为。

教师在课堂教学中尽量避免公开批评学生，这并不是说对这些学生听之任之，视若无睹，而是要尽可能采用给一个眼神；走到其跟前面对着学生用手轻轻地摸一下他；或有意提一个稍微难一点的问题等措施，尽可能不中止教学、耗费时间去直接批评个别学生，更不能对学生进行讽刺挖苦或采用隔离体罚等手段来处置。

课堂教学中教师过度地批评学生，一是影响了正常的教学进度，损害了大多数学生接受教育的权利，二是影响了教师和学生教与学的情绪。教师在情绪激动下批评学生，“恨铁不成钢”还容易“以点带面”容易使其他学生误认为是在批评自己，如果教师批评学生时出现一些偏激言辞和“当事”学生“接上火”，又很容易使课堂气氛逆转，不仅有损于教师的“师道尊严”，而且也不利于自己以后开展正常的教育教学活动。

教师对课堂教学中“犯规”的学生要多一分宽容，多一分尊重，俗话说“退一步海阔天空。”当一些“旁敲侧击”不能奏效时，不防来个冷处理。其实“犯规”的学生课堂上被教师公开批评后，有的即使看上去好了，又有多少心思在课上呢？教师如果能够注意到在大庭广众之下保护犯错误学生的自尊，也一定会赢得学生对你的敬重，如能在课后适当的时候与不守规矩的学生沟通也一定会取得明显的成效。

2. 在教室门口

平时，有教师利用课间，在教室门口找学生谈话，谈话又是以批评性的居多。教师在教室门口当着其他同学的面批评学生，一是干扰了学生固有的学习规律，影响学生继续上课的情绪；二是教师自己心理准备也不充分，其本意大多是想三下五除二地解决问题，但常常事与愿违；三是忽视了学生的心理感受，当着其他同学的面批评学生极易伤害学生的自尊，有时甚至会使之“破罐破摔”，在教室门口上演出其不意的口舌之争。结果把教师自己摆在了极为尴尬的境地，欲进不能，欲退不得。

教室门口不是一个批评学生的好地方，它不具备一个良好的教育氛围，在教室门口找学生谈话只能简略地谈，解决上课时不能解决，又必须尽快解决的问题。谈话时要一语中的，有时必须严厉。找学生谈话最好选一个宽裕的时间，找一个宽松的环境，创造一个和谐的气氛，这样才能多一分坦诚的情感沟通，可能会收到几分实际的教育效果。还要注意保护学生的自尊，也一定会赢得学生对你的尊重。

3. 在办公室

不少教师往往不论情节轻重，习惯在办公室里批评学生，认为办公室里气氛严肃，批评具有威慑力。教师对学生的批评，也是师生间的交流，这种交流应该是平等地进行，带学生进办公室无疑给学生压抑感，不利交流。另外，在办公室里批评学生，也无疑会影响其他教师办公。教师应在和谐的气氛中批评学生，让学生感受到教师的爱，诚恳地接受教师的批评。

即便要在办公室里谈话，很多教师总是让学生站着，老师坐着，这样的批评方法很不好。形式上就不平等不和谐，学生站在办公室里，众目睽睽之下各位老师你一言我一语，心理压力加大，心情骤然紧张，容易激发内在的逆反情绪。一人坐着，一人站着的批评方式，拉开了与学生身体的距离，也拉远了与学生心灵的距离，不易和学生进行率真的交流。心理实践证明，一个人坐着的时候，心情比较平和，如果遇到外界刺激，头脑相对比较冷静，因此如果在批评学生时让他也坐下来，教师与学生之间就不容易发生“顶火”现象，就有利于提高教育成效。教师在办公室里批评学生时给学生一个座位，也就是给学生一份尊重。

4. 在家长面前

学生对教师动辄向家长“告状”的行为最反感，尤其是学生一犯错后就请家长来校或去家访，这最容易激发学生的逆反心理，给学生造成严重的心理负担和其他负面影响，同时也最容易给学生一个印象——你这个教师无能，黔驴技穷，无计可施了吧！

在家长面前与学生谈话时，语言不要过激，应就事论事，不要夹枪带棒，让家长丢了面子，老师只教育孩子，家长不是你的教育对象。谈话的内容应多半是向家长询问学生在家的情况，以便有针对性说服学生，家长在旁边证实情况。谈话的语气不能粗鲁，多用询问商量的语气。

第四节　教育机智的把握

教育者的教育机智，指的是教育者在教育过程中充分把握外界环境、学生心理和教育内容等一系列综合的动态的系统的状态，运用教育技巧，寻找它们的最佳结合点，采取最有效的教育方法，以达到预期的教育效果的心理学机智。教育机智也是教师的一种教育能力。是教师在教育过程中机敏而灵活地教育学生，随机应变的解决课堂中各类偶发事件，以保证课堂教学顺利进行的一种能力。教育机智是教师必备的基本素质之一。它要求教师在教育教学中头脑灵活，急中生智，随机应变，灵活而巧妙地实施教育教学。教育机智是课堂管理行为中的一种艺术。

一、掌握教育机智的必要性

乌申斯基曾经指出：“不论教育者怎样研究了教育理论，如果他没有教育机智，他就不可能成为一个优良的教育实施者。”教师的教育对象是学生，影响学生思想品德形成和学习的因素是多方面的，不仅有学校教育的影响，而且有家庭教育、社会教育等多方面的影响。所以教育者必须认真了解和研究这些情况，把握教育的时机，发挥其积极和自觉的影响作用。

学生的思想品德的形成和发展，必须通过学生心理内部矛盾的运动来进行，所以教育者还必须及时把握学生心理内部矛盾的变化情况，才能做好积极的转化工作。另外，学生思想品德的形成是从量变到质变的过程，是一个内部心理矛盾运动的螺旋式上升的过程。而由量的积累到质的变化过程中，只有抓住教育时机，创造良好条件，才能促使其更早、更好地实现飞跃和转化。学生具有复杂的心理活动，他们是非常活跃的活生生的人，随时都可能出现教师事前难以预料，必须特殊对待的问题。就教师本身来讲，也免不了有说错、讲错和写错的时候，遇到这些特殊问题，教师必须善于运用教育机智灵活、巧妙地处理和解决。

教育实践表明，教育机智不是一种单纯的技能，而且与教育者的事业心、责任感及对学生的全面关怀爱护紧密相连，也是教师的崇高的师德体现，是教师对教育事业的热忱和智慧相结合的产物。所以要培养良好的教育机智，必须注意以下几点：必须善于了解学生，仔细研究他们的心思集中在哪里，研究他们是怎样看待世界的，研究周围的人对他们有什么影响；必须加强进修，提高各种教育素养，特别要提高独立思考的能力；必须善于向同行学习，博采诸家之长；勇于实践，逐渐把自己锻炼成具有良好教育机智的优秀教师。

也有人认为教育机智是一种综合性智能。它是由以下五种能力有机结合、综合表现的结果：细致入微的观察力、机警敏捷的反应力、迅速准确的判断力、坚定理智的自制力、灵活果断的应变力。这也说明教育机智不是“灵机”一动的产物，它渗透了教师应具备的各种素质，是教师素质、学识和经验的“合金”。

二、抓住时机，巧妙应对

“机不可失，时不再来。”我们教育工作者应根据青少年学生的生理和心理特点，以及学生思想品德形成的规律，对学生进行有利时机的教育。

1. 抓住新学期开始的时机

新生入学或者新学期开始时，学生总对新的生活充满着新的希望，有一种幸福感。再加上新环境、新老师或者新同学，总有一种“新颖”的刺激、新鲜的感觉。此时，学生往往容易产生一种“好好学习”，“做一个好学生”的强烈愿望。利用学生这种积极向上的心理状态及时进行教育，这是一个很好的时机。具有良好教育机智的优秀教师都善于抓住这种新的转折，引导同学们迈好坚定的第一步。

2. 抓住学生受到深刻教训的时机

学生们平时都有各自的一种相对的心理平衡状态，当学生原有的心理平衡被打破的时候，正是学生最容易接受教育的时候。如学生做错了事，在集体舆论面前，在沉重的教训面前会产生一种痛悔的心理，这就是时机。

3. 抓住学生受到激励感情冲动的时机

当学生听了一场成功者的报告，受到亲人的鼓励或学校表彰以后，他们心潮起伏，会产生一种向上的强烈愿望。若抓住这一时机进行积极引导，则会使学生一时的冲动变为持久的行动。否则，事隔数日，冲动消失，良机错过，终为憾事。

4. 抓住学生行为反常的时机

学生的思想变化，总会在日常行为中表现出来。如果教师发现反常行为，要仔细观察，了解情况，根据内心的变化，及时加以教育和引导，把错误的思想消灭在萌芽状态之中。如果失去了这个有利的教育时机，到后来，教师花大力气也难以补救。

〔案例〕一位教师在回家的路上见到一个学生情绪很不好地向车站走出，老师觉得有问题，就主动和学生接近并进行谈话，结果发现学生因家庭问题，准备离家出走。正是这位老师，观察细心，从学生的反常行为中发现了问题，才挽救了一位学生。

5. 抓住学生渴望得到老师的关怀和温暖的时机

学生在学习、生活上遇到困难或不幸时，或生病在家、或得不到家长的理解和温暖的时候，老师如果发现后，能在这关键时刻帮学生一把，使学生体会到教师的爱，这也是一个很好的教育时机。

6. 抓住“偶发事件”发生的时机

在我们的教育教学中经常会出现一些突然发生的教师所难以预料的事情。在这些事件中，既有教学本身引起的，如学生突然提出一个教师一时解答不了的问题，又有学生恶作剧和纪律行为引起的，如当学生起立时，坐在后排的学生趁机抽掉前排学生的椅子等恶作剧，还有外来干涉引起的，如教师正在上课，突然有小鸟飞进教室里等。遇到这些偶发事件，要根据不同情况采用不同的方法解决。

对教学疑难问题，一要实事求是，不能不懂装懂欺骗学生；二要寻找恰当的方式，用最短的时间，把问题引向一个暂停的位置，继续正常讲课；三要保护学生的好奇心，鼓励、肯定学生积极提问题；四要兑现承诺，课后一定要把问题解决好。

对于学生的恶作剧和纪律行为引起的事件，处理的机智是，一要冷静沉着，先把偶发事件的影响控制在最小范围和最短时间内；二要充分认识和挖掘偶发事件中包含的积极因素，善于引导，化消极因素为积极因素；三要化阻力为动力，把偶发事件变成磨练学生品质、激发学生情趣，教育大多数学生的一次机会；四要注意态度严肃而柔和，切忌怒火中烧，粗暴对待。

对于外来干涉引起的偶发事件，处理的时候要注意三点：一要做到暂停讲课，先稳定情绪；二要随机应变，迅速处理，并善于“化险为夷”；三要巧妙提出一些问题，把学生的注意力迅速拉回到讲课的“茬口”上，缝合接受知识系统中断开的裂口。

另外，在教育教学中常会发生自身失误。如一怒之间失误了，一不小心把问题处理错了等。我们需要学会和掌握一些处理自身失误的机智。自身有了失误，一是不要手忙脚乱，稳住情绪；二是要态度诚恳，承认错误；三是要注意对当时没把握纠正、解答的问题，要如实告诉学生在课下解决；四是要尽量不动声色，力求在不转移学生注意力的前提下及时改过来，改正之后，还要把正确的重复一次；五是要巧妙处理，最好把出现的失误变成督促学生学习和教育学生提高认识的动力，这样做不但解决了自身失误的问题，而且使学生提高了认识。

第五节　体验教育

体验就是由外界事物、情景所引起的人的内心感受、体味或亲身的经历。而体验教育就是通过亲身经历学习做人做事的道理，并转化为行为习惯的过程。通俗地说，体验教育是让学生在实践和创新活动中感受一切情绪、情感，从中获得知、情、意、行的内涵，诱发满足生命的各种需要的内驱力。

众所周知，一个人的青少年时期，不仅是身体逐渐发育与心理不断成熟的时期，更是思想和世界观形成的重要时期。体验教育，它能提供一种具体的教育环境或场景，让学生通过体验和感悟，自我认识、反思、总结，最终将教育目标内化。

一、体验教育的基本原则

体验教育，从根本上来讲是一种智慧。一方面，它是教师职业专业化智慧的集中体现，另一方面，它也是落实素质教育的良好途径。实践证明，人的品德的生成、成熟和发展，不是靠“灌输”，不是外界的“授予”，而是在主客体相互作用中主体自身建构的。与传统的教育方式相比，体验教育更符合学生的认知特点，更能体现教育的目的，有利于增强教育的实效性。体验教育要遵循以下原则：

1. 主体性

体验教育应贯彻主体性原则，要充分体现学生的自觉自愿性和自主参与性，而不是强迫他们按照已经安排好、策划好、完全确定下来的程式去做，不给学生一点发挥和展示的机会。因此，学生的主体性或主体地位应体现在两个方面，一是选择的权利，活动的内容由学生自己选择，活动方式和具体要求由学生自己安排，活动的材料也由学生自己去搜集整理；二是参与程度，体验教育活动是否成功，关键看学生参与的人数，如果一次活动只有少数几个人参加，多数同学只是听客、看客，这样的活动是无法达到人人接受教育的理想效果的。应该给每一个同学机会，让他们在活动中大胆尝试，自我体验，自我评价，自我教育。

2. 实践性

体验教育应把以道德为基础的道德实践作为其终极目的，并付诸于实践。实践是体验教育活动的根本特性。体验教育的实践过程是内含于生活之中的过程，不可能脱离生活，凌驾于生活之上。因此，学生需要在生活实践和社会实践中获得新的感知、体验，从而引导自己达到自我激励、自我完善的崇高境界。通过实践，学生可以去认识人生，去追求生活的意义，进而去实现自己的人生价值和人生理想。因此，体验教育应把学生引向社会，引入生活，引进大自然，去和周围的世界积极对话，广泛交流和沟通。这种以社会为大课堂的教育方式，突出了教育的开放性和学生的主体作用，有利于焕发学生积极主动参与的热情，从而提高德育的实效。

3. 针对性

体验教育的活动和内容的设计，应根据学生的年龄层次和认知水平，有针对性地进行设计。不顾学生年龄层次和认知水平，不顾教育对象实际的体验活动，是一种形式上的体验，治标不治本。比如，教师在设计“学会感恩”这一活动时，可以要求小学生回家给父母洗一次脚，初中生给父母写一封信，高中生给父母做一餐饭。如果不分年龄层次，不考虑对象，恐怕就很难收到教育的效果。有的教师曾经就这一活动进行过试验，要求高中生回家给父母洗一次脚，反馈的结果是无一人去做这一事情。为什么呢？学生反映，这样的事情只有小孩子才能去做，他们很难拉下面子。

4. 可操作性

体验教育的活动和内容的设计，应具有较强的操作性。生动有趣、操作性强的体验活动，往往更能让学生乐于去实施。空泛、抽象、乏味、难以实施的活动，不仅让学生难以实践，而且会降低学生对后续体验活动的兴趣。因此，体验教育活动内容必须具有可操作性，必须认真设计教育过程，环环相扣，精心组织，力求到位，使每一步骤的达成都成为有意义的活动内容，切忌随意和粗放。

5. 体验性

重过程、重体验是体验教育的一条重要原则。如每周的晨会（升国旗），让学生体验的是庄严、隆重、神圣的爱国主义环境氛围，使学生沉浸于“我爱祖国”的崇高感情之中。再如让学生参与校风管理、校园劳动的过程体验，通过经历培训——劳动——检查——讲评等主要过程，使学生体验到对他人负责，对自己负责的一种责任感。学生的这种体验能反映出一个道理：肩负着一种责任，就必须培育出一种道德使命感，这就是由他律转化自律的过程。

6. 快乐性

从心理学的角度讲，高兴、快乐的情绪，能使大脑神经细胞体内产生叫内啡肽的神经递质。这种化学物质在脑神经系统内具有奖赏作用，它不仅能使学生感到愉悦、舒服，愿意重复学习活动，而且能增强人的生命质量，延长人的寿命。所以，快乐是释放学生天性，激发学生天才潜质的前提，也是保证学生身心健康的前提，是学生积极参与学习、发展智力的前提。因此，在设计体验教育活动时，应寓教于乐，让学生在轻松愉悦的情境中学习、活动，从而达到愉快的教育目标。如果没有快乐，那么任何的教育活动都是失败的。所以，体验教育的所有活动，都必须遵循能使学生快乐的原则。

二、体验教育的常用形式

体验教育就是通过多种符合教育目的和青少年特点的教育实践活动以及学生在实践中的角色地位的需要、兴趣、爱好与追求两个方面的交互作用，使他们在完成学习、工作、劳动任务和进行社会交往与协作的过程中，一方面践行社会、集体或教师提出的道德规范、行为要求，另一方面自身产生遵守道德规范、评价和协调人际关系及个人行为的需要。体验教育为学生的品德外化提供了实际锻炼的机会，同时，学生对一定道德知识的理解掌握、运用和深化也依赖于体验教育活动。

1. 角色体验

青少年时期是一个人养成良好行为习惯的重要阶段，也是道德养成的重要时期。帮助学生养成良好的道德和行为习惯，除了教育者要言传身教外，更重要的是让学生在不同的角色中来体验。

角色体验的形式可以多种多样。比如，在家庭与父母换角色、在学校与老师换角色、在社会生活与他人换角色等等。其主要的目的是让学生在活动中寻找一个“岗位”，扮演一个角色，获得一种感受，明白一个道理，养成一种品质，学会一种本领。从家庭、学校和社会的具体情景和遇到的问题入手，启迪他们的道德觉悟，激励他们的道德情感，强化他们的道德意志，增强他们的荣辱观念和道德责任感，从而逐步养成良好的品格。

(1) 体验父母的生活

现在的青少年大多都是独生子女，一直备受家中老人、父母的“保护”。有的学生不能理解父母的苦心，乱花零用钱的现象越来越严重，有的学生与父母难以交流沟通甚至出现顶撞父母的现象。“自我为中心”成为这一代学生的普遍意识状态。因此，开展体验父母生活的体验活动，让学生以角色变换的形式，体会父母养育自己的艰辛，增强对父母及家人的情感，是一种解决这类问题的行之有效的方法。教师可以根据不同阶段学生的年龄特点，设计一些体验活动。

（2）体验他人生活

当代青少年学生中存在着一种普遍的问题，那就是在与他人的交往、沟通、互助等方面“先天不足”。学会交流，学会共处，学会关心、理解他人，是他们人生的一大课题。因此，教师要设计一些体验活动，让学生进行“我”与他人的角色转换，体验他人生活，通过情感的激发让他们去感知人与人的关系，学会与他人的交流、沟通。

组织学生星期天到社区与一位孤寡老人度过一天，让学生们在与老人共同生活的时间中，感受一个人生活的孤独与无助。比如让孩子做半天盲儿，做半天聋儿，做半天哑语儿……引导学生体验残疾人生活的艰辛，从而用自己的付出，真诚地关爱和帮助他们，帮助他们树立生活的信心，让他们感受到社会生活的温暖。同时也让学生学会理解他人，照顾他人，培养尊重他人，热爱他人的情感和品质。

2. 生活体验

生活体验，尤其是社会公益性活动体验是一种直接服务于社会的活动，也是处理自我与社会关系的一种手段。如手拉手互助活动、为希望工程募捐活动、青少年志愿者活动。这类活动教育学生懂得从小要为社会、为国家承担一份责任，尽一份义务。在助人中体验服务的快乐，在奉献中培养无私的精神。学生从中不仅获得了人生意义的感悟，从身边做起，从小事做起，从我做起，更有利于引导学生说、学、做三者合一，做到知行统一，对以往说与做分离的现象，具有特殊的批判和修正作用。

〔案例〕某一矿区原来垃圾遍地污水横流，当地一所中学的教师组织学生实地调查了解，写出调查报告。报告反映给矿领导之后，引起该矿领导的高度重视。矿区不久修建了该地有史以来的第一个垃圾处理站，有效地改变了该地的环保卫生状况。

学生参加这类的社会生活体验活动，不仅了解了社会，更重要的是用学到的知识为当地发展献计献策，体会到了学习文化知识的快乐，同时也感受到人在社会中的作用、责任，工作中的辛劳与快乐，从而增强了自律性和社会责任感。这样的效果，是其他教育方式难以取得的。

3. 情感体验

情感对于学生的思想品德的形成起着重要作用。人的情感总是在一定的情境中产生的，不同的情境会产生不同的情感，为了唤起、培养和强化某种情感，就应尽力创设适合于教育内容需要的情境氛围。在这一过程中，教师要有明确的情感体验意识，想方设法地设计一些情感体验活动，激起学生的情感体验，寓道德教育于体验活动之中，努力启迪学生的道德觉悟，培养学生良好的道德情感，最终让学生形成良好的行为习惯。

〔**案例**〕清明前夕，为配合进行传统教育，一位教师提倡在校住宿的学生利用周末回村采写革命英烈传记。这项活动前后历时一月，共收到32篇烈士传记、17篇祭奠烈士的诗文。学生诗文的主要内容大都写的是本村的甚至是自己的叔伯亲人，材料真实，感情真挚。在写作的过程中，几乎在每个学生背后都站着不少的人——他家的人，他家族的人，他们村的人，大家都给他鼓劲儿，支持他写好，希望他写好，孩子也意识到自己责任重大，故而责任心很强，惟恐写不好给英烈、给家庭、给家族、给本村人脸上抹黑，所以十分用心。清明前夕，班级利用这些材料召开班会，师生在这次活动中受到了深刻生动的革命传统教育。

4. 责任体验

“国家兴亡，匹夫有责。”一个国家的人民有了责任感，国家定能强大；家庭成员有了责任感，这个家庭定会幸福；一个人有了责任感就能尽职尽责，在事业上取得成就，成为有高尚人格和情操的人。责任体验教育，是指在活动中培养学生具有初步责任感、责任心和责任意识，并形成相应的优良品质和高尚人格的教育。根据学生的年龄特点和生理心理状况，教师可以分层次、按系列，设计不同的责任体验活动。

（1）自我责任感体验

自己的事情自己做，在“不给他人添麻烦”的前提下从基础的事情做起，学会自己照顾自己，学会安排自己的学习、闲暇时间，不给老师、家长添麻烦。学校、教师和家庭可以联手从自理能力入手，创设自理的条件，为学生提供各种自理的机会，从而发展学生的潜在力量，让学生在劳动中明白自己的责任。

（2）家庭责任感体验

家庭是学生接触最多的一个社会细胞。家庭也应该是学生情感交流最多的场所，但现实中父母往往既要忙于工作，又要忙于照顾孩子的饮食起居，因而忽略了与孩子的心理交流。这样，孩子则渐渐形成了一种依赖心理，不知道体谅父母，不能体会到劳动的艰辛，不知珍惜拥有。因而在学生学会照顾自己的基础上，进而就可开展为家庭尽一份力的体验活动。

教师在取得家长同意的前提下，可以布置开展一些诸如“我当一天家”“我做爸爸妈妈”等体验活动。学生通过体验家庭角色，不仅能够体验到父母的辛苦，感受到生活的艰辛，同时还可以加强孩子与家人间的情感交流，培养尊敬长辈，尊重父母和“我爱我家”的美好情感。

（3）社会责任感体验

现在的学生正是未来社会的主人，培养学生们的社会责任感，树立主人翁精神，增强他们的团队意识，就必须在集体责任感的基础上进行。责任体验教育就是要给学生提供舞台，为学生提供锻炼、展示的机会，让他们体验到服务的快乐和与人合作的重要性，从而逐步建立起班级责任感、集体责任感和社会责任感。

5. 挫折体验

挫折体验是挫折教育的一种形式，它主要是让受教育者在受教育的过程中遭受挫折，从而激发受教育者的潜能，以达到使受教育者切实掌握知识的目的。在教育过程中，对受教育者进行挫折体验教育是非常有必要的。许多到达光辉顶点的人往往不是最聪明的人，而是那些在生活中遭受挫折的人，这是因为，那些自认为自己聪明的人往往会选择走一些所谓的“捷径”，这些所谓的“捷径”往往会丧失一些非常有意义的锻炼机会，而那些生活在逆境中饱经风霜的人，才更能深刻理解什么叫成功。教师适当地设计一些让学生产生挫折感的活动，是锻炼提高学生潜能的一种很好的方法。

6. 成功体验

让每个学生都充分展示自我，树立自信，张扬个性，发展特长，让每个学生都有体验成功的机会，是新一轮基础教育改革的内容之一。在人的一生中，失败、挫折在所难免，它既可以使人一蹶不振，也可以使人不断奋进。但对于身心处于剧烈变化阶段的中学生来说，一次成功的记录远比一次失败和挫折要重要得多。心理学家威廉姆杰而士说过这样一句话：“人性中最深切的需求就是渴望别人的赞赏。”只有更多的成功体验，学生获得的思想教育和知识技能才能刻骨铭心，也只有无数的成功体验，我们设计的教育目标才能具体化为学生的基本素质，最终，我们的教育才算是成功的教育。

作为教师，要用一切可能的手段和方式挖掘每个学生的潜能，使他们都能获得一种成功的体验。成功有大有小，有先有后。有的事情对有的学生来说简直是不值一提的小事，但对有的学生来说却是极大的成功；对有的同学来说做某件事早已获得了成功，但对有的同学来说却最后才获得成功。或许成功的体验只是一刹那，只是一个结果，而追求成功的体验却永远是一个过程。让所有的学生都产生成功的体验是一个长期的过程，它需要教师用爱心为学生铺就一条由体验成功到成功的道路。

体验教育的形式多种多样，体验教育的方法林林总总。但无论哪一种形式，哪一种方法，都必须以洞察学生心灵为前提，了解学生所需，从学生心灵需求出发，以学生为主体。教育活动，只有不断开拓体验教育的新途径，开展更多的体验教育课堂，不断丰富体验教育活动的内容，才能让教育真正面向全体学生，才能全面提高学生的整体素质，从而推动素质教育真正走上正确的道路。

第八章　让教学更有效

在教育日益彰显公平、走向和谐、强调科学发展，在社会对教学质量期盼越来越强烈的今天，努力达成教学的有效性，成为当前的一项重要任务，也成为了培养中小学教师孜孜不倦的目标和追求。有效教学是一个复杂而有难度的命题，又是一个系统工程，它涉及到很多方面的内容。教学既是一门艺术，也是一门科学。从艺术的角度讲，教学的“有效”是不能量化的；从科学的角度讲，教学的有效与否是可以量化的，而且可以使用一种公共标准或普适标准。在实践中，我们要从实际出发，以某一个学段或某些学科为重点进行突破。教师要有创新意识，不断进行教学创新，可以鼓励学生进行研究性学习，对学生进行启发式引导，联系实际生活，创设课堂情境，实现师生互动，让学习不再成为学生和老师的负担，而是在快乐、幸福中实现有效的教与学。

第一节　研究性学习

建构认知理论和教育心理学研究表明，学生亲身经历的学习是最有效的学习。瑞士著名教育心理学家皮亚杰认为：“教育的真正目的不是增加儿童的知识，而是设置充满智能刺激的环境，让儿童自行探索，主动学到知识。真正的知识乃是儿童在环境中主动观察、探索、操作得来的。”研究性学习主要是以学生为主体，在教师的指导下，学生主动参与学习、探究过程，从中发现知识、获取知识、应用知识。

一、研究性学习应遵循的原则

1. 主体性

学习的主体是学生，离开了学生的主动参与，研究性学习就无从谈起。因此在教学中要突出和保障学生的主体地位，要想方设法调动学生动脑、动手、动口的积极性，要给学生足够的探究、思考、研究的时间和空间，要激励学生主动参与研究知识、规律的形成过程，从中去“发现”知识、规律并从中感悟学习的快乐。

在研究性学习教学中，教师应面向全体学生，服务于全体学生，教学设计要有利于全体学生的研究性学习的开展。要注意避免研究性学习成为少数“优生”的活动，而多数学生成为配角或观众。

2. 模拟性

教学中，学生的“研究”应该都是“模拟”当年科学家探索发现知识规律形成的过程，这种“研究”大多是在教师的指导下的“再发现”。即使某些研究性学习的课题是原创的，其研究过程还是具有“模拟性”。因为中学生知识基础还有限，要学习的内容又很多，不可能有那么多的时间，也没有那么多的精力和能力去进行科学家那样的原创性的研究和发现。因此，开展研究性学习，教师必须依据学生的知识、能力、心理实际进行适当的教学设计，作必要的指导，使学生有兴趣、有能力、有成效实现探究发现的学习目标。

3. 探究性

科学工作者发现知识、取得成果的过程，基本上是一个前期研究凭直觉和经验提出各种猜测、想象、假设，然后进行实验、实践验证，比较归纳、计算推理等科学研究的方法揭示知识和规律的过程。在中学教学中开展研究性学习，就是要让学生经历和感受科学工作者那样探究活动的完整过程，从中获取对解决问题的体验和情感，增强对知识的认识和理解，培养创新精神和多方面的能力。研究性学习教学的核心是学生自主探究，老师可以适当引导，但绝不能包办代替。

4. 反馈性

教学中研究性学习是一个动态过程，它必须通过教师与学生之间不断地进行信息联系和反馈，才能实现对教学的控制与调节，达到预期的教学目标。在运用研究性学习教学时，教师对学生的每一环节的研究活动要及时了解，做到及时反馈，及时矫正，使学生的研究学习活动既富有生机又富有成效。

5. 交流性

在研究性学习教学模式中，学生间的交流和师生间的交流活动是重要的一个环节。学生间通过在小范围或大范围的研究交流，既可以使学生摆脱教师权威的束缚，自由表达自己的想法和意见，还可以使学生通过交流互相启发，加快研究学习的进程，加深研究的感受。在研究某一问题时，总有少数学生率先发现相关问题的属性。这时，教师切不可对这些发现下定论："他说得好不好，对不对？"这将无视其他学生的想法，抑制了大多数学生的思考。正确的做法应是不置可否："对于他的说法，你们有什么意见？""你们看看是不是这样？你们还有些什么看法，你们有什么意见？"这样，少数学生的研究成果通过交流就转换为全体学生的共识。个别学生的发现让全体学生进行体验并进而发现事物的本质属性，对全体学生的抽象概括和归纳推理能力的培养和发展是大有益处的。交流活动不仅在于集思广益有利于突破疑难，而且在于为学生提供展示探究过程、发现成果和自我表现的一个舞台。

6. 激励性

所谓激励，指的是通过刺激，激发个体心理能力，使心理能力水平在某一时间里始终维持在一定的兴奋状态。有效的激励使学生在内驱力的作用下，始终保持旺盛的学习动力和探究热情。有效的激励体现在以下几点：

激励时的情感要投入，“感人心者，莫先乎情”，同样一个“好”，可以说得平淡如水，让人感到有勉强应付之嫌；也可说得激情满怀，让人感受到你发自内心的称赞。教师的评价对学生的情绪和情感影响甚大。情绪和情感是一种内在动机的力量，直接影响学生的学习。教师应用简短、恰当的措辞，热情地给予褒奖，让学生真切地感受到成功的愉悦。

激励的内容应有根有据。有详实内容的激励不仅给学生继续努力的动力，也给了他继续努力的方向。

激励要及时。交换意见时，细心倾听学生的发言，观察他们的一举一动，及时给予一定的激励。过时的激励会大大削弱学生的学习积极性，达不到应有的效果。

激励的语言要机智。充满智慧的语言不仅能促进学生思维的敏捷和灵活，更能使课堂妙趣横生，调动学生的积极性。

激励性评价以正面鼓励、肯定为主，当然也提倡否定激励，但否定应是在鼓励的前提下，让学生在比较轻松和谐的氛围中知道不足，改正不足。

7. 重视方法与过程

与传统教学只重视学习结果的可量化、可操作的目标不同，研究性学习教学在注重知识结果的同时，更注重研究的实践——方法和过程，特别是知识形成的过程，把方法与过程作为“三维”教学目标之一，强调通过学生的主动探究来培养他们的创新精神、动手能力和解决问题的能力。

许多时候学生或部分学生得出的研究结果是不成熟的，或者并没有研究发现出教师所期待的成果，但这并不重要，重要的是学生通过提出问题、设计课题、查找资料、观察思考、动手实验、社会调查等亲身实践，进行了切实的研究，就会获得关于身边世界的理解和感受，尝试与他人协作的经验和乐趣，培养科学的思维方法和能力，增强问题意识与研究意识，锻炼问题解决能力、合作与交流能力，培养科学精神与态度。

二、开展研究性学习的策略

1. 分层策略

不同的学生必定有不同的学习基础和不同的学习方式。针对不同层次的学生设计不同的教学与指导方案，根据教学内容的难易设计不同的研究学习方式，体现出教师的主导作用。教师在教学内容中事先要考虑哪些内容适合学生自学领悟，哪些内容可以在学习内容的纵横方向上，为学生提供命题或提供材料，让学生自己查找补充材料，进行对比、归纳、综合，哪些内容可以引导学生提出问题或课题，在老师指导下自主进行研究探讨。

2. 民主策略

学生是研究性学习的主体，教学活动只有通过学生自己的学习研究活动才能实现，因此课堂教学需要民主、平等的气氛。教师在教学过程中，应该摆脱传统教学“权威”角色的概定，超越“你”与“我”而成为“我们”，成为研究性学习的指导者和参与者，使教学过程充满民主的氛围和生命的活力。

3. 问题策略

布鲁纳指出：“最精湛的教学艺术，遵循的最高准则是让学生提出问题。”开展研究性学习正是以“问题”为重要载体，围绕问题的提出和解决，来组织学生开展研究活动。学生在解决问题的过程中，会涉及到许多方面的知识，而这些知识的选择和运用完全以“问题”为中心，并呈现横向交叉的状态。

教材中各学科的知识往往也是按科学家发现、建构的过程编排的，这些知识的排列是纵向的、线性的，靠一定的逻辑关系联系起来的。因此，在课堂教学中可通过问题性策略来引导学生展开研究性学习。上课伊始，教师要深入了解学生的心理，创设问题情境，利用趣味性去点燃学生探究的激情，激发学生的学习兴趣，使学生尽快进入一种好奇的境界，在头脑中形成多种疑问。研究性学习过程是一个提出问题、分析探究问题，用已有知识解决问题，再提出新问题的循序渐进的过程。这样，通过问题层层深入，引导学生逐步完成对新知识的学习。问题性策略能激发学生的求知欲，培养学生主动探究问题的意识，从而把单向信息的被动接受转变为主动寻求知识的学习过程。

4．指导策略

研究性学习强调学生的主体作用，同时，也重视教师的指导作用。在研究性学习实施过程中，教师应在不削弱学生的主体作用和自主研究的前提下，随时关注、了解学生的研究进程，并注意不断转变自己的指导方式。

要注重对学生的心理准备和探究方法进行必要的介绍和指导。研究性学习是一种全新的学习方式，它打破了以往以课堂为中心，以教材为中心，以教师为中心的传统教学模式，由于旧模式的根深蒂固，面对这一全新的学习方式，学生往往不能很快适应，他们不能明确研究性学习的目的和意义，也不知如何来计划安排这种形式的学习。特别在研究性学习的初始阶段，教师的指导显得尤为重要。

在指导中，首先让学生理解研究性学习的意义，就是像科学家进行科学研究的形式一样进行学习，可以通过亲身体验，来养成科学精神和科学态度，掌握科学方法，提高综合解决问题的能力。教师可以利用多媒体展示一些研究性学习成果，以激发学生研究性学习的兴趣，产生也想试一试的迫切愿望；其次要让学生了解熟悉并学会运用观察法、实验法、调查法、比较法、文献资料查阅法和统计、分析、归纳、类比、联想、猜测、推理、建模等科学研究最基本的方法与思维，同时还要让学生在实践中感悟，什么样的课题适合用什么样的方法。如学科实验的改进研究就比较适合实验法，关于中国西部大开发的有关问题的探讨就比较适合文献资料查阅法等。当然，更多的研究是多种方法并用的。不仅如此，教师还要对如何观察，如何实验，如何调查和如何进行资料查阅等做更为具体的指导。只有交给学生进行研究性学习的“钥匙”，才能保证研究性学习的顺畅进行，当教师真正把钥匙交到了学生手里，研究性学习也就真正开始了。

在研究性学习实施过程中，教师要及时了解学生开展研究活动时遇到的困难以及他们的需要，有针对性地进行指导，组织必要的交流或答疑。教师应成为学生研究信息交汇的枢纽，成为交流的组织者和建议者。在这一过程中要注意观察每一个学生在品德、能力、个性方面的发展，给予适时的鼓励和点拨，帮助他们建立自信并进一步提高学习积极性。教师的指导切忌将学生的研究引向已有的结论，而是提供信息、启发思路、补充知识、介绍方法和线索，引导学生质疑、探究和创新。

第二节　启发式教学

“启发”源于我国古代教育家孔子，他在谈到教学方法时曾说：“不愤不启，不悱不发。举一隅不以三隅反，则不复也。”此语意为：不到学生们苦苦思索还想不通的时候，我是不去开导他们的；不到他们想说却说不出来的时候，我是不去启发他们的；指点了一个方面，不能推知到别的方面，我就不再这样教他们了。朱熹释：“愤者，心求通而未得之意。悱者，口欲言而未能之貌。启，谓开其意；发，谓达其辞。”后来人们概括了孔子的教学思想，也吸取了朱熹的注释，合称“启发”。

教师要根据教学目标，从学生的年龄、心理特征、知识基础、认知结构等实际出发，采用各种生动活泼的方法，启发引导学生积极思维，使他们主动地获取知识、发展智能。“启发”是一种教学思想，是一种教学手段和教学方法。以学生为主体，启发学生主动学习、探究的教学方法就是启发式教学，这是一种积极的师生双向互动的教学方法。

一、启发式教学

启发式教学是相对“注入式”教学而言的。“注入式”又叫“填鸭式”，是不看学生愿不愿接受，能不能接受，硬把现成的知识强灌输给学生。与注入式比较，启发式教学有三个可贵的特点：一是贵在激发动机，即以学习的目的和意义激发学生迫切需要学习的内动力，以创设的问题情境，启发学生积极思考，以教学内容方法的新颖性，激发学生学习兴趣；二是贵在引导兴趣，即引导学生自我探索、自我发现、自己去获得真理，以问题为起点，引导学生解题，引导学生学会分析、综合、比较、抽象、概括、归纳、推理、判断等思维方法；三是贵在培养人才，即着眼于发展学生的智力，培养学生的能力，它的最终目的是要把学生培养成全面发展的创造型人才。

二、启发式教学的常用方式

在实际教学中，启发的方法是多种多样的。“教学有法、教无定法、教有多法、贵在得法”。只有根据课程教学实际的需要去设计和运用启发式教学，才能取得理想的教学效果，从而促进“知识与技能、过程与方法、情感态度与价值观”三维教学目标的实现。

1. 直观启发

学生对生动具体的实际现象比抽象的理论叙述有兴趣，有积极性。特别是对某些奇异的现象更感兴趣，情趣盎然。

有的化学教师在阐述化学原理之前，先做某些奇异的演示，例如将一杯黑色的溶液，盖上玻璃片，稍加摇晃，立即变成透明的清水。要学生观察这是为什么？一粒粒小火球为什么能在水面上浮动燃烧？这就引起学生强烈的求知兴趣。

有时老师可以用生动形象的语言，用举例和比喻的方法，激发学生的形象思维，并引起思索和探求新知。

2．质疑启发

在教学中，要尽力去打破学生头脑中的“平静”，激发学生思维活动的“波澜”。就是运用一定的教学手段，激发学生的疑问，激起学生求知的要求，从而调动学生学习的积极性。它使学生在质疑中产生求知欲望，形成探索和发现知识的动力，使学生学习具有自觉探索性、积极性和创造性。教师要善于提出问题，特别是对某些要求学生掌握的课程内容，在学生看来不是问题的问题，激发学生产生疑问，使之有追求解决矛盾的要求，从而调动学生的学习积极性。

3．悬念启发

在古代章回小说里，往往在情节向前推进时，中途打结，让它暂时挂起，给读者产生一个期待的心境，以“且听下回分解”悬念来吸引读者往下看，这是启发式教学的一个很重要的手段。

〔**案例**〕在语文《背影》一课中，作者朱自清在开篇写道“我与父亲不见已四年有余，我最不能忘记的是他的背影”讲到此处，教学适时启发：为什么不能忘的是父亲的背影呢？这就给学生造成一个悬念。跟着提问：一般作品描绘人物部位最多的是什么？学生讨论后明确：人最富于表情部位应该是面部，应着力于面部神情的描绘，这是文学作品惯有的手法。而《背影》这课，为什么抓住人“背影”不惜笔墨作具体细致的刻画呢？教师引导学生在讨论中逐步领悟这里描写的“背影”是进入老境“颓唐”父亲的背影，它刻下了父亲饱经忧患，半生潦倒的一个印记。父亲在家境惨淡，奔走谋职之时，还不辞劳苦，不怕麻烦送儿子上北京，还艰难地爬过铁路为儿子买橘子。这“背影”表现出父亲对儿子的真挚的爱，“背影”是父子依依惜别中给儿子烙下的一个深刻、不可磨灭的印象。如果还囿于描绘人物的神情，就不能像描写“背影”那样更突出，更深刻地表现文章的中心思想。

这个构思，作者独具匠心，这个悬念，激发学生细细往下看，学生的求知欲在悬念中激发出来了。

4. 情感启发

情感是运用语言文字来表达，作者缘情而发，把自己强烈的情感演变为文字。因此，激发情感必须披文入情，才能深切感受作者传递出来的感情，叶圣陶先生说：“凡是出色的文艺作品，语言文字必须是作者最贴合的情感符号。”读者若不能透彻地了解文字的意义和情味，那就只是看见徒有迹象而死板的符号，怎样接近作者的旨趣呢？在文科教学中，教师应善于调动学生的情感，拨动学生心灵的琴弦，充分利用教材的情感因素，让学生与作者的思想感情产生共鸣。

〔案例〕语文《卖炭翁》中有一句：“可怜身上衣正单，心忧炭贱愿天寒”。分析这句时，教师可启发学生：卖炭翁的衣服很单薄，为什么还希望天气更寒冷些呢？这不矛盾吗？衣单思暖，人之常情呀！为什么呢？因为卖炭老人希望天寒炭能卖上好价钱，否则，不要说生活无着落，就连买件单薄的衣裳的指望也会落空的。

这样启发，学生就能理解老人这种矛盾的心理，蕴含着多大的痛苦和辛酸啊！这就激发了学生对卖炭老人的深切同情，对当时黑暗社会的强烈不满。

5. 对比启发

教学中运用相互联系而又容易混淆的知识引导学生进行正反对比和新旧对比，启迪学生积极思维，在比较对比分析中加深理解，又在理解基础上加深记忆。

〔案例〕以语文《故乡》一课为例，闰土形象的描写可采用对比启发，分析时，教师提问：中年闰土与少年闰土对比，发生了怎样的变化？少年闰土“紫色的圆脸，红和圆实的手”，说话滔滔不绝，说的都是海边无穷无尽的稀奇事：中年闰土“灰土的脸”夹着“皱纹”，“松树皮的手”，一个天真活泼的少年变成一个“木偶人”了。是什么原因造成的呢？是多子、兵荒、苛税等原因造成的。

这样对比启发，学生对课文理解就加深了。

6. 媒体启发

所谓媒体启发，主要是指运用现代化教学手段，多媒体进行启发，如电化教学、电脑、幻灯、录音等现代化教学工具，化抽象为具体，化静为动，化远为近，化复杂为简单，图文并茂，形声结合，试想在教高尔基散文诗《海燕》时配乐朗诵要比一般泛读效果更佳。

〔**案例**〕在教《小石潭记》时，教师如果画一幅“隔篁竹，闻水声”，周围“青树翠蔓，中间全以石为底，鱼儿在潭中往来翕忽”似与游者相乐的小鱼儿在投影片上，小石潭的方位、概貌、情趣就生动形象地表现出来了。

如果用电视录像或电脑媒体，色、形、声结合，更使学生有身临其境之感。

三、启发式教学的艺术

现代学科教学要重视培养学生的学习能力和思维品质，培养他们分析问题、解决问题的能力。一堂课教学效果如何，不在于语言的华丽，而在于是否揭示了知识内容的本质，是否启发了学生的思维、引导了学习自主学习，学生是否有满意的收获。

1. 恰当引入，激发兴趣

上课需要引入，尤其是新课，它能从实践中产生问题，极大提高学生的兴趣，并引导学生将实际问题转化为教学模型，使学生体验知识形成的过程，这对于培养学生应用知识的能力大有益处。不仅如此，引入还为某些结论的解释作好铺垫，使学生印象深刻，这远比直截了当地拿出新概念要好得多。

〔**案例**〕在“数学归纳法”第一课时，老师是这样引入的：他在装满小球的口袋中掏出一个球，是红的；又掏出一个球，还是红的。老师问学生：下面再掏出的，一定是红球吗？答案是不一定。然后，再举“砖砂龙”的例子，只要推倒第一块砖，第二块肯定会倒，第三块还会倒吗？所有砖都会倒吗？由于有“距离适当”这个条件，答案是肯定都会倒。然后再让学生对两个例子作一比较，分析原因，从而引出“数学归纳法”这一有力的证明方法，使学生“不见其物，先有其形”，感性认识很充分，则对此方法的理解与掌握就容易得多。

这样的引入，引导有方，妙不可言，起到事半功倍的效果。

2. 调节教学气氛，保持良好情绪

学生在课堂上的情绪状态对教学效果有很大的直接的影响。这是因为，学生的认知和情感是有机的整体。苏霍姆林斯基说：“学校里的学习不是毫无热情地把知识从一个脑袋装进另一个脑袋里，而是师生之间每时每刻都在进行的心灵的接触。”这种“心灵的接触”便是情感交流。积极的情感对认知活动起着启动和激活、激励的作用，可以提高学生智力活动的效率。求知欲只有经过积极情感的放大才具有动机作用，学生的感知、记忆、思维、想象等认知活动才会受到激活而兴奋起来。

因此，教师了解和把握学生的情绪状态，善于引导和驾驭学生的情绪，使他们经常处于积极的良好心理状态下学习至关重要。首先，教师要有积极饱满的情绪，这不仅可以大大提高自己的教学质量，而且还可以提高学生学习情绪的兴奋性，从而利于智力活动的开展。因而教师必须善于调节自己的情绪，不为学生的一点小事在课堂上发火。其次，教师还应善于调节学生的情绪，可以采取改变情境、转移注意、情绪释放、以情动人、成功体验等多种方法，努力使学生在课堂上保持愉快的情绪和饱满的热情。

3. 适当铺垫，重视模仿

学科技能从本质上看，都是一种“模式”，可以通过模仿和实践来学到它。但这种模仿有几个层次：简单性模仿，实质性模仿和创造性模仿。学生的学习过程，就是跨越简单模仿，而达到后两种模仿的境界，这样学生的能力就可以得到提高。实现这一跨越，教师的引导是很重要的。一节课45分钟，如果处理太慢，只能完成简单性模仿，效率太低；如果太快，则会产生“坎子”，就会使很多学生无法即时逾越它，由此就带来负面影响，如降低学生对学习的兴趣，遗留问题多，造成以后学习的障碍等等。引导学生思维，应达到一定的高度，当问题太难时，应作适当的铺垫，既给学生以启迪，又给学生自己思维的空间，使他们通过模仿，自己找到解决问题的途径，充分发挥学生自身的主体作用。这种铺垫应精心设计，它是引导的关键。也就是说，教师的引导，在教案中应有体现，在备课时就有准备。

4. 抓住时机，多向启发

启发学生思维发展的方向不要单一，未来是多元化的，要求学生的思维品质是全面的。但所有的引导都要注意节奏，不能急于求成，要由浅入深、循序渐进，也不能拖泥带水，转弯抹角，要讲究效率。当一道习题已讲清楚时，不要轻易放过机会，此时正是你将学生引向更高境界的良机。抓住此题的重点，进行深化，或改变某个条件，进行类比，或吃透其本质，换到其他题型中加以应用等等。这时的引导，往往所用时间并不多，但能使学生的数学能力再上一个台阶，是一种高效的做法。

四、启发式教学应注意

1. 要注意价值取向

〔**案例**〕一位教师在讲“掩耳盗铃”这则寓言。教师为启发学生的思维，活跃课堂气氛，说：“大家认为掩耳盗铃的人聪明吗？为什么？”

学生："不聪明，铃一响就会被别人发现。"教师："有没有什么办法既能盗得铃，又不被别人发现呢?"学生："拿一块棉布捂上铃，就不会被别人发现。"老师："不错，你很机灵!"学生："趁主人不在家，爱怎么拿就怎么拿。"老师："很好，你更聪明。"学生："老师，我可以大摇大摆的在主人面前取走铃。"老师："这是为何?"学生："我带一大帮人，他还不乖乖送上吗?"

在案例中，教师"启发"学生如何盗铃，学生的回答一次比一次"升级"，从暗偷到明抢！而这位老师也似乎一次比一次更"欣赏"学生的答案。我们不禁要问，这岂不是启发孩子成盗贼、变黑帮吗？人作为社会存在的个体，最基本的便是成为一名合格的公民，那么他必须坚守正确的社会价值观。教师的教学启发，必须弘扬社会正气，倡导社会主流价值。

2. 要关注现实的生活

〔**案例**〕一位老师举了这样一个例子："一个人建造一间房屋如果需要20天，那20个人一齐动手，这间房屋一天就可以完成了。"一个学生依据老师的推理说："如果40个人一齐动手的话，那么半天就可以盖好。"

现实生活中，这是不可能完成的，因为房子需要从地基逐步往上建，人多有时也是没用的。所以这个数学结论不对，更不能继续推理。如果依此逻辑继续推理，只要人数不断增多，房子是可以在瞬间盖完的了！这是不成立的。问题到底出在哪里呢？难道数学的精确数量与逻辑推理有误？其实不是数学本身出了问题，而是教师的启发教学脱离了生活现实。教师的教学必须贴近生活，必须从学生已有的生活经验开始，关注学生的生活经历和体验，才能达到知识的学习与生活相结合。

3. 要善于捕捉智慧

〔**案例**〕教师想启发小明，让他懂得什么叫奇迹。"你想想，有个人从塔顶上摔下来，但他根本没有受伤，这是为什么?""是偶然。""你没懂我的意思。”教师继续启发：“你再考虑一下，这个人又一次爬上了塔摔下来，还是没有受伤！这又是为什么？”“是幸运！”教师说：“我不是这个意思，你再考虑一遍，这个人第三次爬上了塔顶，仍未受伤，那是为什么呢？”“是习惯！”

此案例中，教师不惜让一个人连续三次从塔顶上摔下来，来启发小明到底什么叫奇迹。手段之绝，代价之高，用心之良苦，令人叹为观止，问题本身就是一个“奇迹”，小明的回答更是奇迹中的“奇迹”！但遗憾的是，老师并没有发现小明的“奇迹”。在小明的三次回答中，小明从“偶然”演绎到了“习惯”，但因为没有启发到自己想要的东西，同时又缺乏发现智慧的能力，教师始终没能给学生一个智慧的肯定。教师“匠心有余，灵气不足”。启发需要发现智慧，教师要能够捕捉与学生互动交流中稍纵即逝的智慧火花，能够洞悉彼此对话中的灵感闪现，见人之所未见，发人之所未发，于平凡中见“新奇”，于无声处听“惊雷”。

4．要体现宽容豁达

〔**案例**〕一位语文老师对学生讲：“古代‘吕’是接吻的意思，口对口，十分形象。”一位学生问道：“如果‘吕’是两个人接吻的意思，那么‘品’是三个人在一起接吻吗？”老师正待发怒，又一个学生起来说：“我看‘品’字还好解释，‘器’字呢？四个人和一只狗在干什么？”学生笑成一团，老师气得拂袖而去。

老师：“古人造字都是有一定道理的。例如‘卡’字，‘上’不能上，‘下’不能下，不就‘卡’在那儿了吗？再如‘忐忑’二字，‘心上心下’，跳个不停，多形象呀！”学生：“也不一定吧？例如‘斧’字，能解释为父亲只有一斤重吗？再如‘爹’字，难道‘父亲多’就成了‘爹’吗？”老师非常生气：“简直是强词夺理！”

世界上最广阔的东西是海洋，比海洋更宽广的是天空，比天空更宽阔的是人的胸怀。这是赞扬人豁达宽容的胸襟。那么，当启发教学“卡壳”或“跑题”的时候，需不需要宽容豁达呢？显然回答是肯定的。启发需要宽容纯洁的童真。学生是一个人的世界，是一个充满神奇的诗意世界。在案例中，老师试图启发“吕”字的字义，学生自然地联想到“品”与“器”，并由此发生诸多疑问，应该说是可以理解并应加以引导的！

启发还需要宽容不同的见解。教师对于在启发过程中学生迥异的立场，奇异的思考，应给予应有的接纳。启发意味着接纳人与世界的多样性与丰富性，尊重学生对事物的多元化体认与判断，珍视学生对生活经历的个性化体验与解析。

第三节　知识源于生活

知识源于生活，用于实际。脱离了生活实际，知识就失去了源泉、没有了活力。我国著名教育家陶行知教育思想的核心是“生活教育”，它有三个部分：“生活即教育”、“生活即学校”、“教学做合一”。他认为最好的教育就是从生活中、社会中、实践中学习。中外许多教育家对学习知识与联系实际作过探讨论述，认为理论联系实际是人类认识和学习活动的普遍规律之一，是教学必须遵守的。

在知识信息“爆炸”的今天，学生接触了解实际的途径和方式在不断增多，不仅从生活中直接接触实际，更多地从图书、报纸、电视、互联网等传媒中了解实际、获取知识。善于联系实际是最受学生欢迎的教学方式之一，只有善于选取与生活实际相结合的素材联系实际进行教学，才会富有吸引力和成效。因此，中小学教学必须把联系实际作为学习知识的桥梁和重要手段。

一、教学中联系实际的几个基本面

1. 贴近生活实际

中小学生已具备一定的生活与社会经验，对生活实际中的许多现象和问题怀有浓厚的兴趣。在教学中，教师要从学生生活实际出发，巧妙地利用生活实际中的问题现象和学生感知去引入知识、认识知识，或提出和运用一些学生在日常生活中经常看到，并力求去解释而未能解释的现象和问题，引导学生尝试着用所学知识去解释、解决，激发学生学习的兴趣和积极性、主动性，使课堂生机盎然，富有成效。

生活实际中的许多现象、问题，如骑自行车上坡之前就要使劲蹬几下，为什么？雷雨过后，有时天空会出现彩虹，这是怎样形成的？衣服洗过后，为什么要用衣架撑起来挂在室外？城市道路上的下水道盖子为什么是圆形而不是其他形状？飞机为什么要沿地球的大圆飞行？教师通过恰当的教学设计用物理、数学等学科知识予以诠释或解决，从而使学生增强学习动力。

2. 关注社会热点

当今世界的一些社会热点问题和重大问题，如粮食、人口、环境、资源、气候变暖、反恐等，与中小学许多学科知识有着直接的或间接的关系。在中小学教学过程中，适时地与学生一起探讨、研究这些社会热点问题，有助于唤醒学生对人类生存质量、社会价值的关注，并激起学生为改善人类生存质量而主动学习的愿望，加深对知识的理解与运用。

〔**案例**〕生物学科中的“生物与环境”教学对于日益严重的环境问题，如太湖水污染、东海赤潮、北京沙尘暴等，学生通过各种传媒了解到或切身体会到，教学中可随时加以联系、分析和研讨。这些事实让学生觉得生物学中的“生物与环境”的知识变得不再那么空洞和毫不关己，而是那样的真实，因为真实，与自身关系密切，相应地学生也就学得有趣而认真。

3. 结合科技发展成就

当今科学技术突飞猛进，各科学领域所取得的科研成就日新月异。许多科学技术成果将影响到人们生产、生活、生存的方方面面。教师应广泛了解和收集近些年相关学科领域的新发展、新成果和相应实例，并在教学中恰当地加以介绍、展示和渗透，增进学生对科技发展的了解以及科技对人类社会的意义的认识，增强认知兴趣和学以致用的观念。

4. 利用人文与历史背景

人文或历史中的许多事件、情景、实例，也是教学中联系实际的好素材，要善于根据教学内容的需要灵活选用。

〔**案例**〕教师在讲授“诚信是金”时，教师以一个互联网上流传甚广的人文故事情境来导入新课：“有一个在德国留学的中国学生，在德国学成毕业后，就到德国的一些公司去应聘。他的学业成绩和工作能力都很不错，但这些公司看了他的信用记录后，都没有聘用他，同学们猜想一下为什么？”这时，学生们的兴趣一下子被激发，纷纷依据自己的社会经验和知识积累寻求答案，得出的答案也是五花八门的。面对学生们期待得目光，老师揭开谜底：“因为这个留学生曾在乘车时逃过三次票！”正在七嘴八舌的学生一下变得鸦雀无声，他们震惊了，都在默默地思考。经过预料中的短暂的沉默，教师告诉学生：“诚信是一个人立足于社会的通行证，是一个人生存和发展的重要条件！”

由此水到渠成地引入新课“诚信是金”。本来很枯燥的一课，“说教”般的内容，可以因人文背景情境变得精彩纷呈。

二、教学中联系实际的常用方法

教学中联系实际的方法、手段很多，从教学引入到过程探究，从认知理解到知识应用，依据教学需要可以设计多样的教学联系实际的方法与形式，这里论述几种常用的方法。

1. 创设实际问题情境

情境学习理论自20世纪80年代在西方出现以后，受到世界各地教学工作者的高度重视和运用。教学中创设情境，特别是运用生活实际、现代科技、社会经济、人文历史等方面的素材设计实际问题情境，是教学激发学生学习兴趣，调动学生的学习积极性和主动性，激励学生参与学习、探究过程，培养学生的创新能力和理论联系实际解决问题能力的重要方法，是教学联系实际的关键环节。实际问题情境有新课引入情境、引导认知情境、探究情境、实验情境等多种形式。

〔**案例**〕纸会比珠穆朗玛峰还高吗？

初中数学学习“有理数的乘方”时，设计实际问题情境：一张某型号纸的厚度为珠穆朗玛峰高度为8844.43米。将这张纸裁成两等份，把所裁的两张纸叠起来，再裁成两等份叠起来，如此重复下去，第二十八次叠起后所有纸的高度会比珠穆朗玛峰高吗？学生觉得这个问题很好奇，很快就讨论开了。有同学经用计算器计算，第二十八次叠起后纸的高度还真是超过了珠穆朗玛峰。“有理数的乘方”的学习在学生兴趣浓厚的氛围中开展。

〔**案例**〕他的起跳速度是多少？

高中物理在学习“竖直上抛运动”时，教师可联系学生所熟悉的跳高这一生活实例，提出下面问题情境：某同学身高1.8米，在运动会上他参加跳高比赛，起跳后身体横着越过1.8米高度的横杆，据此我们可估算出他起跳时竖直向上的速度大约为多少？这样的问题是多数学生较熟悉的，可以使学生有效地缩小物理学与现实生活间的距离，他们感到物理学与生活是紧密相连的，自然就会激发他们学习物理、解决问题的兴趣，进一步感受学习物理的重要作用。

〔**案例**〕她为什么病倒了？

现代生活日新月异，居住水平不断提高，豪华室内装修已是城市、农村人司空见惯的现象。可是殊不知，它在带给人们舒适享受的同时，对人身的健康也会造成损害，故室内装修污染造成癌变时有发生。在初中科学“苯、甲醛、乙醛”的教学中，教师可根据这种实际现象设计教学情境：有户人家倾其多年积累买了一套新房子，女主人别提有多欢喜和兴奋，在四十多天的装修时间里她天天在房内忙上忙下，房屋装修完毕后就迫不及待地搬进了新居。可过了不到半年，这位女主人病倒了，经医生全面检查，很不幸她原有的鼻炎恶变成了鼻癌……引导学生思考分析，其原因何在？经师生一同分析、讨论，最后共同认识到：由于现代装修材料中含有大量的有害化学物质，如苯、甲醛、乙醛等，这些物质长期作用于人体，会使人体中的某些分裂细胞发生癌变。因此，装修居室要注意环保，新装修的居室，不宜居住，必须经过较长时间的通风才行。这样既使学生理解巩固了苯、甲醛、乙醛的知识，又增加了生活常识。

2. 加强实验教学

中小学许多学科是以实验为基础的自然科学，实验是教学联系实际、提高学生实践能力的重要途径。教师要充分认识到实验在学科教学中所起的不可代替的作用，要将实验教学作为学科教学必须的重要内容，而不仅是一种手段。

（1）增加由学生参与的课堂演示实验

教师应尽可能地鼓励指导学生参与演示实验，开拓演示实验的时间与空间，通过多样化的演示实验，创设赏心悦目的教学情境，从而产生强烈的感官刺激，激发学生的学习兴趣。

〔**案例**〕初中物理“大气压”的教学，当实验器材“马德堡半球”呈现在学生面前由老师演示，学生的脑海中只是一个冷冰冰的铁制品的视觉形象。如果教师设计学生参与的演示实验情境：同学们看两个半球，合在一起你能拉开吗？——四名学生上台分站两边用力拉，可是用多大的劲也没有拉开，这时教师生动的讲述 1654 年 5 月在德国马德堡市做的验证大气压的惊人实验。学生演示实验加上这一富有传奇色彩的历史故事情景，一下就激发了学生探究、思考的激情。

（2）全部学生分组实验

教师应该提倡创造条件增加更多的分组实验，使学生有更多的机会动手，在动手的过程中多动脑，手脑并用，使学生在实验过程中加深对知识概念与规律性质的理解，同时也培养了学生的观察能力、分析判断能力与实践能力。

（3）结合教学实际改进实验

实验设计的改进与创新，不但可以使学生更清晰明了地认识规律、掌握知识原理，更是培养学生探究精神、创新能力、动手能力的有效手段。教师除了自己要有改进、创新实验设计的追求，还要善于鼓励学生积极探索实验设计的改进与创新。

有时一个小小的实验改进或创新，如压强实验中的木块改换为铁块，静电吸纸屑创新为静电吸乒乓球滚动，不仅使实验效果增强，而且使学生创新意识和实验技能得到升华。

（4）加强实验的实践性、探究性和开放性

探究是创新的源泉，是培养学生实验能力的根本。不论是演示实验、小组操作实验还是自主设计实验，教师要尽可能把实验设计为具有较强的探究性，引导学生探索实验方法与步骤、探讨实验中各因素的取舍与信息的整合、探究实验现象与原理，通过观察、记录、分析、对比、归纳，去伪存真、由表及里获取实验结论，让学生亲身经历与科研工作者相似的实验探究过程。很多时候，教师还可采用开放性的思想指导学生进行实验，即在保证实验安全的前提下，在实验器材自主选择，实验步骤合理调整，实验设计与实验操作自我调控，实验现象与实验结论可以不唯一等方面充分考虑学生的自主性。

3. 让学生自己动手，亲身实践

对于课本中的一些知识的学习，教师鼓励学生自己动手去实践，指导学生课内外结合实际问题，贴近生活、因地制宜开展小制作、小实验和科技创新活动，进而上升为小发明、小创新，是培养学生创新能力和实验能力的一条有效途径。

〔**案例**〕在“物质的酸碱性”的教学中，教师让学生带小番茄、橙子、苹果等水果，老师带醋、肥皂水、洗衣粉、洗洁精、沐浴露等。学生吃水果，谈口味感觉，然后用所备材料师生共同实验来验证学生口味对酸碱性的感觉，在亲身实践中加深对物质的酸碱性知识的理解。

〔**案例**〕在学习科学“植物生命活动的调节”时，课后让学生自己去验证单侧光照射引起植物（如向日葵）弯向光源生长这一植物的向光性；学习“营养生殖”时，让学生动手去实践扦插繁殖苗木活动，从而从实践中加深对知识的理解。

4. 组织指导学生进行社会实践

课堂上知识与生活实际的联系，毕竟还是用教学手段和感官思维间接地让学生去感受实际。而让学生深入生活走向社会进行开门教学、专题调研、社会实践，是理论联系实际更实在的教学形式。

〔**案例**〕在物理学过“远距离输电”这一内容后，教师可组织学生参观变电所，请工程技术人员介绍变电所的电路结构，变电所的输电功率等。

〔**案例**〕数学学习“统计”这一内容时，可组织学生去商场作商品销售情况的统计、分析和表示，在实际统计实践中掌握相关知识。

5. 充分利用国内外时事、新闻素材

利用国内外时事、新闻素材，可以把学生一下子“拉入”现实生活，既帮助学生理解知识，又促进学生运用所学知识去认识、解释社会上的现象和问题，是教学联系实际、学以致用、提高学生的综合分析解决问题能力的好方法。现在网络信息技术和多媒体技术的发展，为教学中利用时事新闻素材提供了便利的条件。

〔**案例**〕在高中政治经济学“价值规律的基本内容及表现形式”教

学时，教师先提供时事素材：我国两个知名品牌的空调生产厂家率先开始对其生产的各类空调进行降价，随后各大品牌的空调器相继降价，最终引发大规模的空调降价潮，降幅最小为400元，个别型号甚至降价2000多元。那么是什么原因使得各大品牌的空调生产商相继降低价格呢？在降价的背后是什么在起作用呢？热点问题一提出，即引起学生们浓厚的兴趣并展开热烈的讨论，在学生争论之际，老师适时点拨并引入新课，同时指导学生学习教材，在学习价值规律内容的基础上，分析商品价格与供求的关系，从而解决“空调为什么降价”的问题。

〔**案例**〕在“地震”一节教学时，教师首先提出新闻素材：北京时间2013年4月20日8时02分四川省雅安市芦山县（北纬30．3，东经103．0）发生7．0级地震。震源深度13公里。震中距成都约100公里。听完新闻后，有同学马上问：“什么叫震中?”“震级是怎样计算的？地震是怎样产生的?”“地震为什么会有这么大的危害?”这节课是在学生带着许多疑问，主动学习基本知识解释疑问的过程中完成的。

6．借助多种媒体，让学生在课堂上感受实际

现代教育技术的迅速发展为改善课堂教学环境提供了物质基础。多媒体教学手段的应用不仅改变了信息呈现的方式，提高了教学效率，减轻了教师的课堂工作强度，而且使许多原来无法在课堂条件下进行的教学活动得以进行，教师必须学会利用网络、电视、软件、创作、借用等各种教学资源运用多媒体进行教学，使学生能够在课堂上“身临其境”感受实际。

〔**案例**〕在“天体运动和卫星”等教学中，利用多媒体课件可以把奥妙无穷的天体运动在教室里演示，把惊心动魄的卫星的发射过程在教室里让学生观看等，使学生身在其中主动去观察、体验和思考。

〔**案例**〕在学习如“细胞有丝分裂”等有关生命活动过程知识时，仅靠静止、不连贯的挂图，难于把有丝分裂的动态、连续变化的过程表达清楚，若能应用多媒体辅助教学，学生则更易直观理解有丝分裂这一

生命活动过程，并从中感受到学习生物学的兴趣和快乐。

第四节　创设课堂情境

兴趣、动机是学习的前提。教学中如何激发学生的学习兴趣和动机，调动学生的学习积极性和主动性，引导学生参与学习、探究过程，培养学生的创新意识和创新能力，是实施素质教育、落实课程改革的核心问题。教育心理学理论与教学实践告诉我们，“创设教与学情境”是突破这一问题的关键环节。

教学情境就其广义来理解，是指作用于学习主体，产生一定的情感反应的客观环境；从狭义来说，则是指在课堂教学环境中，作用于学生而引起积极学习情感反应的教学过程。不同的情境能够给各种特殊的学习者不同的活动效果，也就是说学习者在不同的情境中会有不同的行为，并且认为创设情境是激发学习者兴趣、动机的必要前提。因此，创设情境成为教学设计最重要的内容之一。

一、创设情境的基本原则

课堂教学情境，它是一把双刃剑，因为它在激发兴趣，提升思维的同时，又在“占用”时间甚至“动乱”课堂，运用得不恰当，就会使一堂课看起来“热热闹闹”，实际上效率低下。许多公开课情境丰富，表演精彩，但学生下来解决问题时不知所措。那么，究竟如何创设并使用好课堂教学情境呢？在创设教学情境的时候，下面的一些基本原则是需要考虑和遵循的。

1．针对性

创设情境应依据教学内容，紧扣基本概念和基本原理，抓住教学的中心、重点和难点，注意教学的时机和时间，贴切并有针对性地去设置，应直奔教学主题，避免漫无目标、跑题万里、空洞虚渺，也不要牵强附会。另外，所创设的情境应尽可能反映知识的正迁移，尽可能减少学生思维的混乱，减少知识的负迁移，更应避免对学生情感、品德的负面影响。

〔**案例**〕高中数学“平面的基本性质”的问题情境：用数学的目光来分析下面问题：为什么测量架等用来做支撑的架子大多是三脚架？为什么只用装一把锁就能把门固定？怎么检验教室的地面铺的平不平？通过这一系列有针对性问题的思考、感悟、回答，使“平面的基本性质”的探讨和理解在贴近教学目标而富有激情的氛围中逐步深入。

2. 启发性

创设情境应适宜学生已有知识、经验和能力，提出的问题应是富有启发性的，学生乐于思考且易于产生联想的。

〔**案例**〕初中物理“杠杆原理”的引入情境：多媒体投影或黑板上简笔画提出问题：一个体重为20千克的小姑娘能不能和她体重为80千克的爸爸玩“跷跷板”游戏？请你考虑将“跷跷板”的支点放在什么位置，这父女两人的“跷跷板”游戏才能玩得顺畅？由于有了实际背景，同学们的探究热情十分高涨，分析、比较层出不穷，在快乐、成功的喜悦气氛中，对“杠杆原理”加深了理解掌握。

3. 挑战性

创设情境的问题难度要适中，要考虑到大多数学生的认知水平，应面向全体学生，应具有合适的探索性与挑战性。问题太容易，学生会产生轻视和厌倦心理；问题太难，学生会望而生畏或一筹莫展。教师提出的问题应接近学生的“最近发展区”，使学生能够“跳一跳，摘果子”。具有挑战性的问题，能激起学生的好奇心和求知欲，从而得出较为深刻的领悟。

4. 情感性

谈到教学情境，人们常侧重于对“境”的设计、探讨和研究，而在不同程度上忽视了对“情”的考虑、阐述和讨论。“情境，情境”，无“情”岂能有“境”？“境”又岂能离开“情”。人是有感情的高级动物，人的思维状态与其情感有着密切联系，教师面对的是心理稚嫩的学生。他们的情感、情绪是容易受主、客观条件和环境的影响而产生波动的。

著名教育家苏霍姆林斯基有一段非常精辟的论述：“教师如果不想方设法使学生产生情绪高昂和智力振奋的内心状态，而只是不动感情的脑力劳动，是很难有效地汲取知识的。”因此，教学情境的创设，一定要饱含教师的“情感”，结合教学内容使情境尽可能富有“热情、激情、表情、动情、情趣、情节、情理”，或与学生“喜乐哀愁”共鸣，或“喜形于色，神采飞扬”，或“声情并茂，慷慨激昂”，或颂扬“真、善、美”，或抨击“假、恶、丑”，或沉浸于知识的科学性、严谨性，或有感于方法的灵活性、多样性……教学情境应该是面向全体学生而不是面向少数学生的，教学情境切忌“冰冷的、呆板的”，当然也不应忽视教学需要一味去追求所谓的“情感”。

5. 简明性

创设教学情境的关键，是注意把握好简明性。所设计的教学情境，尽可能简明精悍、清晰明了，不要含糊不清，使学生盲目应付、思维混乱，不要过于冗长或过于“豪华”，一节课也不宜有太多的教学情境。情境围绕教学目标和教学需要去设计，是为教学服务的，不应让情境喧宾夺主成为一堂课的主角。教师通过教学实践不断反思、修订、积累教学情境，对把握好简明性和实效性是十分必要的。

在初中数学“水位的变化”教学中，有位教师在情境设计中，从“抗洪救灾”到“环境保护”，花了大量的时间用情境来感受实际，进行情感教育，让“情境”成了这堂课的主角。由于情境用时过多，后面时间太紧，本节课的真正主角“水位的变化”只好匆匆登台、草草收场，教学效果很不理想。这样的教学情境，是需要反思和改进的。

6. 渐进性

人们认识事物的过程是一个渐进的、逐步的过程，往往会呈现相对的阶段性。教学情境的创设还要具有合理的渐进性，即创设的情境或问题要由浅入深，由易到难，层层递进，不要跨度太大。特别是问题情境，尽可能设计合适的“小步距”，就是根据学生已有的知识、心理发展水平和学习材料的难易程度，把一个复杂的、难度较大的问题分解成若干个相互联系的子问题或步骤，使问题的探究和学生的思维符合循序渐进的规律，这样才能使学生产生“有阶可上，步步登高”的感觉，也才能激发学生学习知识、探究问题的积极性。

二、创设情境的方式

1. 问题情境

所谓问题情境，是指个体觉察到的一种有目的但又不知如何达到这一目的的问题境况，也就是已有知识不能解决新问题而出现的一种心理状态。根据认知理论，课堂教学特别是理科教学，应该是以不断地提出问题并解决问题的方式来获取知识的过程。

问题情境，对于有效提出问题和解决问题是尤为重要的。恰当有效的问题情境，至少应该具备两个条件：一是和学生已有的知识经验有联系，问题符合学生的“最近发展区”，学生有条件，有可能用已有知识经验去思索、探究和解决；二是有新的要求，学生不仅仅是简单地利用已有的知识经验就能解决。

（1）直观问题情境

直截了当的问题情境能够直指主题，有直观、高效的作用。

高中物理“重力加速度”的学习，演示木块或粉笔头从高处自由落下，提出直观问题：为什么自由落体的下落速度会越来越快？这样就直指问题的要害——重力加速度。

（2）类比问题情境

类比，是将研究对象同与它有某种相似或关联的已知对象进行比较，寻求它们的内在联系或类似性质，导致发现新结论、新规律的思维活动。认知理论告诉我们，知识技能的学习和问题的解决，大都需要从已知的、熟悉的东西出发。因此，教学中创设类比问题情境往往是十分必要的。

〔**案例**〕在高中数学中，有关四面体的问题，往往可创设三角形相关的类比问题情境；有关球的问题，往往可创设与圆相关的类比问题情境；有关复数减的概念和计算问题，往往可创设根式相关的类比问题情境等等。

（3）悬念问题情境

悬念在心理学上是指对学习对象感到困惑不解或疑难问题而产生的急切的心理状态。悬念可以触发学生的求知动机，集中学生注意力，刺激学生的思维，产生“迫不及待”的教学魅力。在教学中，教师创设悬念问题的情境，使学生产生揭开知识奥秘的浓厚兴趣和热情。

〔**案例**〕在初中数学教学“圆的面积公式推导”时，首先告诉学生：“今天，给大家请来了一位朋友”。打开多媒体，屏幕上出现一片绿茵茵的草地，一头牛被一条3米长的绳子拴在一根木桩上低头吃草，画外音响起：请问这头牛能吃多大面积的草？这样的悬念问题情境使看似枯燥的“圆的面积公式推导”变得生动活泼。

（4）矛盾问题情境

当呈现给学生的问题情境具有矛盾的两面或能够激化学生的矛盾心理，新旧知识的矛盾，生活概念与科学概念的矛盾，直觉常识与客观事实的矛盾，与学生原有的知识结构发生冲突，就产生了“认知不平衡”的心理状态，能极大地激发学生的探究兴趣。

〔**案例**〕初中科学“日历上的科学”关于阳历闰年、阴历闰月的教学设计矛盾问题情境："地球绕太阳公转的周期是365.2422天，日历中可能出现0.2422天吗？阳历是如何处理这一现象的呢？""阴历以月相周期性更替的时间是29.53天，一年十二个月仅354.36天，与真实时间365.2422天相差约11天，阴历是如何处理这个问题的。"

（5）实际问题情境

知识源于生活，脱离了实际，知识就失去了血肉。教学只有与生活实际相结合，才会富有吸引力和成效，创设实际问题情境自然十分必要。在信息爆炸的今天，学生不仅从生活中直接接触实际，更多地从图书、报纸、电视、互联网等传媒中了解实际、获取知识。因此，实际问题情境，要贴近学生的生活和学生接触的实际，可以从生活现实中、历史中、经济与科技发展中、传媒中广泛选取。

2. 实验情境

认知理论和心理学研究表明，学生亲身经历的学习是最有效的学习。因此，新课程改革把"方法与过程"作为三维目标之一。学生经历学习过程的最好方式就是学生参与实验活动和体验活动。为了激发学生参与实验、体验的兴趣，使实验、探究富有生机和效率，教学中运用和发掘教学素材，创设实验、体验情境是十分重要的。既可以营造轻松愉快的乐学氛围，达到学生积极参与、高效学习的目的，又可以培养学生应用所学知识解决实际问题的能力。

〔**案例**〕在初中化学学习二氧化碳的化学性质能使澄清石灰水变浑浊时，教师先让两名学生站在讲台前，用饮料吸管分别向盛有澄清石灰水的试管中吹气，一会儿两只试管中的石灰水都变浑浊，学生感到很奇怪，产生了极大的兴趣，再让其中的一个学生继续向里面吹气，一会儿浑浊又变澄清了，他们肯定急于知道其中的奥妙，正处于兴奋状态，这时给学生讲解，学生易于接受且记得比较牢固。

〔**案例**〕高中物理"力的合成"是一个重难点内容，教师在上课的开始先做一个小实验：拿一根软绳，在绳的中央用铁丝系一块砖头。教师问学生："如果两个人用力拉绳的两端，能把绳子拉断吗?"学生回答："能"。接着，让两个身强力壮的同学上台表演，他们费尽全力最终还是没有把绳拉断。这样，由生动表演所创造的鲜明形象，学生感到真实可靠，又与原有的观念形成了一对尖锐的矛盾，在和谐的气氛中产生了相互矛盾的"不和谐"的心理。"$1+1\neq2$"的结论必然会引起反差强烈的心境，学生会在冲突和矛盾中产生惊奇，在惊奇中产生探索的意念，激发思维的动机。

3. 探究情境

探究性思维能力是分析、解决问题能力的核心，是创造能力的基础。因此，"探究性学习"是新课程倡导的重要学习方式，是实施素质教育、培养学生实践能力和创新精神的有效途径和保证。探究学习的主体是学生，教学中如何创设能激发学生探究的积极性、主动性的探究情境，是探究性学习的一个关键。探究情境的创设应贯穿探究活动的始终，而探究的引入情境尤为重要。

〔**案例**〕假设你开着一辆车，在一个暴风雨的晚上，你经过一个车站，有三个人正在等公共汽车。一个是病重快要死去的老人，很可怜；一个是医生，他曾救过你的命，是你的大恩人，你做梦都想报答他；还有一个你做梦都想见到的梦中情人，也许错过这次机会你就再也见不到她了，但你的车只能再坐一个人，你会如何选择?

这时教师可不失时机地提出如下问题："老人快要死了，你首先应该救他；或者你先让那个医生上车，因为他救过你，你认为这是个好机会报答他；也可能你认为在将来某个时候你一样可以去报答医生，而你一旦错过了这个机会，你可能永远都不能遇到一个让你如此心动的梦中情人了。"经过这样的启发，学生产生了强烈的思维冲突，为进一步思考探究，找出解决问题的途径蓄足了气势。通过热烈的探讨，一位学生给出了大家认同的最佳答案："给医生车钥匙，让他带着老人去医院，而车主则留下来陪梦中情人一起等公共汽车!"

4. 辩论情景

中小学生普遍具有争强好胜的心理，愿意表达自己的思考观点。课堂上必要的讨论和辩论，是学习的必要手段，是思维的好媒介，它可以形成教师与学生、学生与学生间的广泛的信息交流。在交流中，学生可以表现自我，交换思考所得，体验独立思考的乐趣，充分发挥学生的主体作用，并在争论中克服思维的片面性。因此，在教学中教师要不失时机地结合教学内容设计情境引导学生开展课堂或小组讨论。

创设讨论、辩论情境，就是教师在教学过程中，提出属性相近的概念，容易产生错觉的性质法则，思路多样或容易出错的问题，正反两方面的例子等，引导学生讨论或辩论，使学生辨别是非，分清正误，比较优劣，从而不断深化和优化学生的思维。当然，讨论、辩论只是教学的手段，其目的是为学生更有效的学习服务，不能为了讨论而讨论，也不应使课堂讨论成为走题千里的争论不休。因此，教师一方面对讨论应有事先的设计和必要的引导、调控，另一方面，教师课堂上应充分尊重学生的思维，根据教学进程的发展和学生的思维、行为、态度，即时自然产生讨论，可能是讨论课程内容，也可能是讨论某个学生提出的疑难问题，还可能讨论的是某种思想观点。

5. 辨误情境

对于学习来讲，认识和改正错误同样至关重要，是学生提高认知层次和科学素养的必要途径。可是很多学生对辨误和改错却往往不感兴趣或没有耐心。对此，老师不要一味责怪，而应针对错误情形，理解性错误、知识性错误、方法性错误，利用问题的可变性、发展性，创设演示辨误、质疑辨误、对比辨误、矛盾辨误、“陷阱”辨误、反例辩误、讨论辨误等辨误情境，激发学生认识和改正错误的兴趣和自觉性，使辨误改错成为学生的“自愿”和“需要”，久之养成一种良好的习惯。

6. 多媒体在创设情境中的运用

多媒体课件创设的情景教学具有较强的生活现实仿真性，能给学生提供身临其境的体验机会，吸引学生主动参与、积极思考。多媒体具有形、声、色、动画等兼备的特点，在创设情境、营造氛围方面比其他教学手段来得更直接、更有效，它可以变抽象为直观，变静为动，恰当地展示教学情景，激发学生的创造思维和想象力，表现出传统教学无法实现的生动效果。

通过多媒体，多彩的东西可以模仿，具体的事物可以再现，运动的物体可以呈现，设想的世界可以虚拟，具有具体直观、生动逼真、便于控制等多方面的特点。科学运用多媒体课件创设教学情境是提高教学质量、实施素质教育的一种有效手段。多媒体教学新颖、生动，它可以打破时间和空间的界限，把发生在远方近地、古今中外的事情展现在学生面前，使学生对事情的发展变化过程有鲜明的形象感；可以用多媒体展示宇宙星空等宏观世界的变化和微生物、原子等微观世界的变化，扩大学习空间，使抽象的内容形象化，复杂的内容简单化，有利于突出事物的本质；还可以帮助学生了解课本以外的知识，扩展学生的知识面，丰富学生的学习内容，促进学生思维的深刻性，大大提高课堂教学效率。

第五节　实现师生互动

教学中的师生互动是指在教与学的交往过程中，师生之间经过合作、协商、竞争与妥协达成一致，形成一种相互理解、相互学习、相互促进、相互影响的人际关系，在此平等的人际关系氛围中，通过合作学习、自主学习和探究学习，学生能充分得到知识掌握、能力培养、思维畅想、个性张扬、创造性解放，体验到平等、自由、民主和尊重，与此同时，教师也能充分得以实现和谐耕耘、愉快达标、专业成长和自我价值的有效体现。

实现师生互动的前提是，教师和学生情感交融形成一种新型的人际关系，这需要师生长期情感交流。教师应思考：自己是否真正总高于学生，如果不是，就应该不耻下问，尤其在信息时代的今天，老师具备“教”与“学”的双重身份，应考虑自己还要向学生学习什么，应该怎样来调动才能让学生敢于张扬个性、表达心声、阐述观点，让师生平等地教学共事，不被过多的条框束缚，通过相互参与、相互沟通、相互影响、相互补充、相互受益，从而达成共识、共享、共进，这也正是教学相长的真谛。

一、师生互动的结构

师生互动的结构包括以下四个方面：师生互动的主体，即教师和学生，教师和学生均不是独立地出现在互动中，而是共同参与在互动活动中；师生互动的基础和条件，即师生互动存在和发生的背景，其中包括互动当时的具体情景，也包括以往师生互动的状况，还包括师生双方的个性、行为特征；师生互动过程，即师生相互影响和交互作用的过程，其中既包括师生双方各自认知、情感体验和行为表现的过程，更包括相互影响过程；师生互动的结果，包括师生双方对互动结果的认识、情感体验、满意程度及互动中问题解决的效果，对师生双方和他人各方面的影响等。

师生互动的这四个方面并存于一个相互影响的有机系统之中。其中，师生是主体，互动过程则处于核心位置。师生互动是存在于师生间，在师生间发生的一种人际互动，其互动主体是教师和学生，并且师生双方在互动中是同等重要、互为主体的。师生互动是一种相互作用和相互影响的过程。师生互动不是教师对学生或学生对教师的单向、线性的影响，而是师生间的双向、交互的影响。同时，师生间的这种交互作用和影响又不是一次性的或间断的，而是一个链状、循环的连续过程，师生正是在这样一个连续的动态过程中不断交互和相互影响的。师生互动是多角度多层面的，师生互动从本质上讲，是一个包括发生在多情景中的、具有多种形式、多种内容的互动体系。除此之外，还需要明确师生互动与师生关系的关系，它们在一定程度上是相互包容和共生的。以往一些研究，更注重对师生关系的静态研究和理论思考，而忽视对师生互动的动态研究和实证分析，因而往往不能从深层挖掘师生互动与师生关系的性质、形成过程、影响因素和机制等，难以从实质上改善教学实践和教育效果。

二、师生互动的特征

1. 交互性

在师生互动中，教师的行为对学生有很大影响，另一方面，学生的行为同样会对教师产生很大影响，如此构成师生影响的双向交互性。师生间的这种双向、交互影响不是一时的、间断的，而是连续的、循环的，不但在互动当时对师生双方产生较大影响，还会对其以后的互动产生影响，从而表现为一个交互链状的循环过程。

2. 双向性

教学相长，教师和学生的相互作用是十分强烈的。教是最好的学，师生在教学中，可以进行“交换”位置的“互动”。教学过程中教师与学生之间以及学生与学生之间，要有交流、交往、交换，要相互活动、相互作用、相互促进。

课堂是师生共同活动的场所，教学是师生双向交流、相互影响的专门行为。真正的课堂不是教师演“独角戏”，因为离开了学生，教师在课堂上的行为就没有了目标，就失去了意义，所以教师在课堂上要关注学生、依赖学生并影响学生。真正的课堂也不是学生们说“群口相声”，因为离开了教师，学生在课堂上的行为同样会没有了目标、没有了规范，课堂的意义就没有了，所以学生在课堂上要关注教师、依仗教师、模仿教师并以自己的方式影响教师。

3. 组织化与非正式化

师生互动具有明显的组织化和非正式化相结合特征。教师与学生的互动通常有明确的目标、内容与预期目的，是为完成特定教育任务而有目的、有意识地开展的。非正式的师生互动，为师生间更充分和更有效的相互影响，特别是对学生的情感影响、行为培养与人格熏陶等提供了宝贵的时机和空间，是十分重要的。教师要巧妙地利用组织化和非正式化交往相结合，以取得更佳的师生互动效果。

4. 不定格性

师生互动没有一一的对应性，在更多的时候是一个教师与多个学生之间的互动。教师在教育过程中对此应有明确的意识，既注意与全体同学的互动，同时有意识地与个别学生保持经常性的有效的互动。

5. 系统性

师生互动决不仅仅是师生双方交往或各自个性、特征的总和，而是一个受多方面影响的、包含多种成分在内的综合网络系统。师生双方以往的交往经验、相互间的认识、对交往和双方关系的期待、互动过程中双方不同的反应，甚至外界的评价、对互动双方行为的反应等，都会影响到师生互动，并进而影响互动效果和教育效果。另一方面，师生互动绝不仅仅是教学过程中的互动，而是包含了师生在日常生活、各种活动中的多种形式、内容和情景的互动系统。

三、师生互动的基本原则

1. 平等性

师生关系是一种平等、理解、双向的人与人的关系，这种关系得以建立和表征的最基本形式和途径便是交往，离开了交往，师生关系就只是外在的，而不能成为教育力量的真正源泉，甚至反倒成了教育的阻力。当前师生人际关系中普遍存在着教师中心主义和管理主义倾向，严重地剥夺了学生的自主性，伤害了学生的自尊心，摧残了学生的自信心，由此导致学生对教师的抵触情绪，师生关系经常处于冲突和对立之中。可以说，通过交往，重建人道的、和谐的、民主的、平等的师生关系是教学改革的一项重要任务。

2. 开放性

开放，从内容角度讲，意味着科学世界（书本世界）向生活世界的回归，生活世界是科学世界的基础，是科学世界的意义之源，教育也必须回归生活世界，教育是人的教育，是科学与生活教育的融合。开放，从过程角度讲，人是开放性的、创造性的存在，教育不应该用僵化的形式作用于人，否则就会限定和束缚人的自由发展。教学过程是师生交往、互动的过程，学生不是作家笔下被动的小说，不是画家笔下波动的图画，也不是电视电影面前的观众，更不是配合教师上课的配角，而是具有主观能动性的人，他们作为一种活生生的力量，带着自己的知识、经验、思考、灵感、兴致参与课堂活动，并成为课堂教学不可分割的一部分，从而使课堂教学呈现出丰富性、多变性和复杂性。

3. 主导性

在课堂教学中，师生双向影响的发动者是教师，教师占有绝对优势。教师往往先向学生提出问题，或关注某个学生，或走到学生旁边，或指示学生活动，这些都充分表现了教师在课堂师生互动中的主导性角色。教师在课堂师生互动中主导性特点是指教师主动对学生施以影响，并且还要主动对学生给自己的影响予以反馈，体现教师的主导性。在互动教学中，学生的动是以教师的启动为基础，教师在讲课前要对学生作适当的引导。在讲授较难理解的知识前，教师要先向学生介绍一下有关背景知识并提出教学要求，为学生的理解打下良好的基础。这都说明课堂师生互动中教师的主导性。

4. 主体性

无论教师的地位何等重要，但他始终代替不了学生。通过动手操作获得的知识的保持率最高，“做”是教学的核心，学生是“做”的主体。既然学生是课堂教学的主体，就应该让他们演好“主角”。所以，教师作为知识传授者的角色要发生根本性的变化。教师要改变过于强调知识传授的倾向，努力形成学生积极主动的学习态度，让学生在课堂中积极交流，相互合作，形成师生互动的良好氛围，有利于调动学生学习的积极性和主动性。

5. 动感性

欧美或香港老师的教学风格很受学生欢迎和接纳，他们上课的教室与国内教室的摆布大不相同，课桌围一圈，很像国内座谈会的会场。老师讲课的形式很随意，讲台基本不用，课桌围成的场地成了他们来回走动的讲台。美国人讲课的突出特点是动感很强，腿不停地动，走来走去，吸引你的目光随之转移；手不停地动，上下飞舞，指挥你的注意力随之调整；嘴不停地说，口若悬河，拨动你的思绪随之起伏。有的老师讲到兴头上竟坐到了桌子上，好像不拘小节，其实一下拉近了与同学的距离，滑稽生动，令人容易感动。每节课，授课人一般只讲一半，剩余的时间回答问题。有的老师一开始就提出问题，让学生发表意见，然后归纳总结，老师讲课中间学生也可随时提问。这种方式有效地调动了学生的注意力，启发学生思考问题。动感中的积极思考，于求索真知十分有利。

四、师生互动的常用形式

师生互动以尊重和发展学生的个性为核心，有目的但不拘一格地开阔课堂教学新视野、新路子，让学生自己读书论课、主演课堂，自己发现问题、思考问题、解决问题，发挥他们的个性，发挥他们的创造力，让学生学得通畅，发展通达。这不拘一格的常用形式有以下多种。

1. 个性张扬式

学生个性的发展，特别需要有个性化的课堂教学方式为基础。教师在每节课前要切实做好“三备”（备教材、备教法、备学生），但每节课的进行，不要把“一厢情愿”的事先备课强加给学生。而是允许学生选定哪些东西详讲略详，允许学生随意组合学习小组座位，允许学生课堂交流讲话，允许学生随时提问，允许学生相互辩论，充分尊重学生个性，细心呵护学生个性，刻意张扬学生个性，带有鲜明“以学定教”特色。

实践发现，放手让学生自学并交流自学收获，学生学习劲头十足，思维活跃，学生的“主体”地位受到了尊重；自学收获的交流乃个性化行为，精彩处时老师大加肯定赞扬，不妥处时老师巧妙点评妥善处理，学生在兴奋中张扬了个性，在辩论中梳理完善了知识、发展了能力，也充分发挥了教师的“主体”作用。赏析、辩论有时“越扯越远”，时有影响教学进度的威胁，此时老师不仅不可单纯为了完成预先“备课”的教学任务而打断学生，应鼓励、妥善引导。此时正是学生思维想象活跃的时候，也正是老师可遇不可求的时机。看似“扯远”，实则学生的思维、想象、能力、心理都得到了锻炼和发展，积极性受到了保护，个性得到了张扬，对于学生的身心健康和终身发展那是无法用“一堂课任务”来比拟的。

2. 相机点拨式

学生都能够自己学懂“内容”，但他们往往存在细节缺陷或技能不够；另外，一些天赋较好的学生学习常规课堂知识往往只需要他们同伴1/3～2/3的时间，这就意味着老师必须搞清楚剩下的2/3～1/3的时间他们将干什么，即老师既要关注学生学得“多”、学得“好”，还要兼顾一部分学生学得“不同”。所以，老师在课堂上诱导学生“自主”穿插恰当的“点拨”就显得非常必要。

“教师之为教，不在全盘授予，而在相机诱导。”相应地，学生之为学，也不全依赖于课堂及老师，而是以课堂为核心的多方渗透。因此，老师的功夫就应表现在以其特有的智慧和魅力，让学生带着课前学习的问题进课堂，经点拨“松穴”后，学生轻松喜悦地又带着新的求知欲望活跃在课堂之外，从而使有限的课堂，发挥超越时空的功效。这就需要“相机点拨”。这与“知识交待型”的教法和“知识容器型”的学法是大不一样的。

3. 生活体验式

生活体验式就是每学到一知识点，教师就设法诱导学生与自己身边的实际生活、所见所闻发生联想。一旦所学的东西被派上“用场”或遇上“愁患”时，学生求知的劲头会更大，跃跃欲试的愿望会更强烈，对于延伸课堂、激活知识、发展能力有不可估量的作用。

4. 专题研讨式

专题研讨式是指教学实践中围绕一个疑难问题或某种普遍性犯难型决策行为，师生共同进行多角度多侧面的分析思考，提出解难设想，力求达到解决问题的教学过程。在形式上往往是通过相关案例的显现，并对其进行多方面的研讨、分析、理解、提炼和总结，达到解决问题并形成一条普通方法和规律的目的。成功的专题研讨法后，有很强的说服力和深远的影响力。

教学有法，教无定法。师生互动的方法方式很多，探索之路永无止境。有限的课堂时空，有限的课堂内容，只要视角和模式选择得好，师生互动和情感交流就会起到超越篱笆，促进学生思维和能力快速提高的效果。

第六节　把快乐与幸福带给学生

父母给予我们生命和爱，可他们迟早会衰老；孩子给我们满足和喜悦，可他们终究会长大；爱情给我们幸福和甜蜜，可我们必须付出一生的代价去呵护；金钱是上天飘来的云彩，时聚时散；美丽的容貌是绿树上芬芳的花朵，适时绽放，无奈凋谢；健康是魔术大师，能变晴也能变阴。原来，能伴随我们一生的是自己的心情，所以，拥有好的心情便是人生一大乐事。

教师在教育行为中表现出来的语言与行为方式，影响着学生的学习情绪与思想的发展方向。因此，带给学生快乐与幸福是教育的前提，让孩子们在快乐的情绪中接受这个新奇的世界，让孩子们在幸福的情感里规划自己的人生，建立一个健康乐观的人生观对于教师来说义不容辞。

一、教师自身需要建立快乐和幸福感

新的教师职业观要求教师将工作与生命信仰的实现完全融为一体，在工作中体验爱、美、意义与永恒，转换到意念上说就是在工作过程中获得一种职业幸福感。幸福感是一种主观感受，是需要得到满足、潜能得到发挥、力量得以增长时所获得的持续快乐体验。无疑，职业幸福感的获得对于从事这项职业的人来说是巨大的吸引。

让我们这样尝试一下吧：改变自己的一些工作方式，寻找一些工作情趣和精神寄托，制造一些快乐元素，在做好心态的自我调整的同时，充实自己的精神生活，学会工作与休闲，学会苦中寻乐，学会享受教育。

1．建立良好的情趣品质

人皆有所好，从教师的职业角度出发，可以归纳为“爱岗爱业”四个字。看似简单刻板，但是在繁重的职业劳动中，要始终保持这种情趣就不是一件易事。热爱自己的职业应该是一个必要的前提，对自己教学的专业的浓厚兴趣奠定了个性意识倾向性基础。只有这样才能不断发掘职业的潜能性，不断创造专业的新向性，才能让我们的职业充满无限生机。

热爱教育事业，热爱学生，热爱所教学科是教师必备的情感品质，其中热爱学生是教师情感生活的核心，是教师施教的前提。在我国，有人做过研究调查，证明影响教学质量的主要原因并不是教师的学科知识是否渊博，而是教师对待教学工作的态度以及对学生的情感如何。

教师良好的情绪是优化教育教学环境气氛的重要条件。课堂气氛直接影响学生的情绪，进而影响学习效率。教师愉快的心境，不仅可以使自己的潜能充分发挥，而且在教学中可以使学生产生一种和谐、愉快的情绪体验，从而使大脑皮层处于兴奋状态，注意力集中，思维活跃，想象丰富，使学生置身于愉快而活泼的学习气氛中。

如果教师心境不佳，喜怒无常，其不良的情绪会引起学生烦躁紧张，冷漠压抑，既不利于学生接受新知识，更不利于学生创造性地学习；如果教师由于学生的敌视和挑衅，吵闹或捣乱而导致课堂上情绪失控，训斥或谩骂学生，或者把自己在家庭生活及社会交往方面产生的不良情绪迁怒于学生，那么这种充满火药味的气氛只能窒息学生的智慧火花，造成学生心理上的抗拒和抵触，久而久之就会造成学生心理上的异常。所以，教师要永远保持乐观的心境，高高兴兴生活在学生中间，以积极的情绪体验感染和影响学生。

2. 充分享受职业乐趣

懂得享受课堂。课堂是教师生命最重要的舞台，一个懂得享受上课的人，课堂便自然会成为其享受幸福的重要舞台，营造一个充满生命活力的课堂，和学生一起痛苦、一起欢乐，你就会少了许多教学的焦虑和烦恼。一个只知道上课的老师是体会不到职业幸福感的，他们时常为了寻求结果而焦虑、痛苦、烦恼。一个懂得享受上课的老师，生命是完全打开的，和学生一起痛苦，一起欢乐，才能真正体会到职业幸福感。

懂得享受学生。魏书生曾经说过：“走入学生心灵世界去，就会发现那是一个广阔而迷人的新天地，许多百思不得其解的教育难题，都会在那里找到答案。”是啊，用热心温暖学生，用真心感动学生，用诚心抚慰学生，以自己的人格魅力感染学生，以平和的心态接纳学生，你会发现天空格外湛蓝，海格外广阔！教师职业幸福感最重要的源泉一定是学生的成功和他们对你的真情回报，影响教师职业幸福感的许多不利因素都可以从学生对教师的尊重、理解、感激中得到弥补。但要让学生感恩你，你就必须学会感恩学生、呵护学生、尊重学生，真正做到这点并不容易，但如果你只知道权威，那也许你会离幸福更远。

懂得研究教学和职业规划。把教学工作看作是一种简单的重复，那必然厌倦，也无言幸福。对自己要合理定位，科学、合理、符合自己最近发展区、又不断在动态变化提升的目标是自我价值实现的重要前提，不断的自我价值实现是人不断前进的不竭“内驱力”。过高的目标定位容易让人因体验不到经常的成功而沮丧。教学研究中带来的新鲜感和不断进步的成就感是带来职业幸福感的催化剂。

二、带领学生体验幸福

1. 启发学生体味真实生活的诗意

社会飞速发展所带来的必然后果之一，就是这个时代的孩子最大的特点就是过于实际和过于早熟。作为一名教师，应该有针对性地改变以往的教学手段和教学方法，不能再用老眼光看待学生，更不能把它简单地视为青少年的蜕化或堕落。教师要敢于正视这一时代普遍存在的“少年老成”现象，用发展的方式给予教育。最重要的就是，教师要在尊重学生的基础上，本着平等的原则与学生展开交流，以对学生的理解作为教育的大前提。

当学校、社会与学生的利益发生冲突的时候，教师不能简单化地压制学生的种种想法，而要尽可能地为他们着想，帮助疏导他们的失望情绪和厌烦心理，在情感交流与心灵沟通的基础上恢复学生的真实天性。除此之外，教师还要注意交流技巧。要充分认识到当今学生所面临的是一个多样化的成熟社会，学生不再是无知的小孩子，教师也不必充当高高在上的监护人的角色。教师应该在一定程度上认可学生的成人化，并善于鼓励学生对社会的阴暗面阐述自己的观点，全面开放学生的个性，把隐蔽的问题表面化、具体化，从而利于恢复学生的真实本性，使教师能够更有针对性地实施教学。

语文的作文教学常常承担着这样的使命。叶圣陶先生指出："生活就如泉源，文章犹如溪水，泉源丰盛而不枯竭，溪水自然活泼地流个不歇。"生活是作文取之不尽用之不竭的源泉，回归生活已成为学生写作的潮流。我们必须教会学生走进生活，了解生活，懂得生活，享受生活，热爱生活，在生活中发现真正的美、丑、善、恶，才能找到情感的价值，审美的情趣，做人的标准。

我们可以引导学生去关注和思考发生在他们身边的事，生活在他们身边的人，诸如下岗分流、环境保护、西部开发、素质教育、腐败现象、青少年犯罪，以及贫困、失学、民生、民心乃至国际政治风云变幻等等精彩纷呈的事件。引导学生"多角度地观察生活，发现生活的丰富多彩，让学生我口说我话，我手抒我情"。

2. 引导学生发现真正的美

在中小学教育实践中，理解和宽容当代中小学生的某些心理或行为，并不等于放任自流。教师尤其不能借口社会没有固定的英雄模式，而不管不顾学生不树立远大理想的现实问题。对于一名有责任感的教师，美育，同时也包括道德教育，以及在此基础上的对学生世界观和人生观的教育，永远都是首要的职责。由于社会的发展，美育和德育的内涵已与过去完全不同。

在学生的心中，衡量真善美的标准具有了鲜明的时代特性，今天的教师同样应该正确认识到美育和德育现代化的问题。这就要求教师本身要具备一定的历史知识和辩证的思维，能够在平凡的日常生活中发现闪光的东西，并善于及时把自己的发现和认识传输给学生，通过梳理学生良莠杂陈的思想状况，教会他们认识美和发现美的能力。对在学生中普遍存在的、不问价值判断并笼统接受一切社会存在的不正常现象，教师要能够进行分辨，并善于从中提炼出真正属于精华的东西，使学生在任何情况下都能自觉地辨别美丑，增强对社会和未来的信心，并能有意识地按照美的规律来塑造自我形象。

每个孩子都是有创造灵性的“艺术家”，作为教师应善于捕捉孩子每一个创造性的闪光点，让他们在观察、想象、创作、表演过程中真实自然地表现自己的思想和情感，去当一名呵护幼苗的园丁；让他们享受和体验一切来自自然、来自社会、来自心灵的美感和快乐；去做孩子们的知心朋友，快乐时分享他们的快乐，痛苦时分担他们的痛苦。

3. 带领学生在新科技中找到自我

作为现代社会中的一员，教师不能无视网络的存在，更不能试图把学生从中强行拉回到现实世界中来。教师要摆正自己在现实社会中的位置，认清网络这一重要的社会内容可能给学生带来的各种正负面影响。教师不应该回避社会热点和焦点，应该积极主动地参与到网络社会中去，通过自身对这种社会现象的体验，设身处地地去理解学生的各种复杂感受。

不仅如此，教师还要善于引导学生，通过与学生对话、讨论，营造一种自由和谐的氛围，让学生敢于并愿意大胆发表自己的见解。在一种正面的心理疏导下，教会学生如何在网络上进行自我教育。即从网络获取信息，对网络内容进行是非优劣的判断，从有序的网络世界中汲取有益成分，培养自律意识等等。教师应该引导学生正确地看待网络，赋予网络以活生生的生命，使它不再是横挡在教师与学生之间的冷冰冰的机器，而是富有活力的、沟通师生情感的最佳中介。经过网络对现实世界的折射和缩影，教师要逐渐转移学生过于迷信网络而有些偏离现实社会的心态，使学生从关注网络到关注社会人生，并能依据一定的标准对现实做出正确的反应。